Descobrir Jogos Online Grátis

Disponível Aqui:

BestActivityBooks.com/FREEGAMES

5 DICAS PARA COMEÇAR

1) CÓMO RESOLVER LAS SOPA DE LETRAS

Os puzzles têm um formato clássico:

- As palavras estão escondidas sem espaços ou hífenes,...
- Orientação: As palavras podem ser escritas para a frente, para trás, para cima, para baixo ou na diagonal (podem ser invertidas).
- As palavras podem sobrepor-se ou intersectar-se.

2) APRENDIZAGEM ACTIVA

Ao lado de cada palavra há um espaço para anotar a tradução. Para encorajar a aprendizagem activa, um **DICIONÁRIO** no final desta edição permitir-lhe-á verificar e expandir os seus conhecimentos. Procure e anote as traduções, encontre-as no puzzle e adicione-as ao seu vocabulário!

3) MARCAR AS PALAVRAS

Pode inventar o seu próprio sistema de marcação - talvez já use um? Pode também, por exemplo, marcar palavras difíceis de encontrar com uma cruz, palavras favoritas com uma estrela, palavras novas com um triângulo, palavras raras com um diamante, e assim por diante.

4) ESTRUTURANDO A APRENDIZAGEM

Esta edição oferece um **CADERNO DE NOTAS** prático no final do livro. Nas férias, em viagem ou em casa, pode facilmente organizar os seus novos conhecimentos sem a necessidade de um segundo caderno!

5) JÁ TERMINOU TODAS AS GRELHAS?

Nas últimas páginas deste livro, na secção **DESAFIO FINAL**, encontrará um jogo gratuito!

Rápido e fácil! Consulte a nossa colecção de livros de actividades para o seu próximo momento de diversão e **aprendizagem**, a apenas um clique de distância!

Encontre o seu próximo desafio em:

BestActivityBooks.com/MeuProximoLivro

Aos vossos lugares, preparem-se...Vão!

Sabia que existem cerca de 7.000 línguas diferentes no mundo? As palavras são preciosas.

Adoramos línguas e temos trabalhado arduamente para criar livros da mais alta qualidade para si. Os nossos ingredientes?

Uma selecção de tópicos adequados à aprendizagem, três boas porções de entretenimento, e depois acrescentamos uma colherada de palavras difíceis e uma pitada de palavras raras. Servimo-los com amor e máximo divertimento, para que possa resolver os melhores jogos de palavras e se divirta a aprender!

A sua opinião é essencial. Pode participar activamente no sucesso deste livro, deixando-nos um comentário. Gostaríamos de saber o que mais lhe agradou nesta edição.

Aqui está um link rápido para a sua página de encomendas:

BestBooksActivity.com/Avaliacoes50

Obrigado pela vossa ajuda e divirtam-se!

A Equipa Inteira

1 - Dirigindo

```
G  S  V  A  B  H  B  A  L  H  M  E  P  M
J  N  A  K  U  W  Y  U  I  M  D  D  O  O
K  A  A  S  U  T  B  A  I  T  Q  D  L  O
G  C  R  I  S  F  O  Z  K  P  I  Q  T  T
D  A  A  R  K  I  P  Z  E  O  V  E  T  T
R  A  D  H  U  E  J  F  N  L  A  L  O  O
K  U  L  J  E  T  U  S  N  I  R  I  A  R
A  T  E  C  V  Z  L  T  E  I  O  S  I  I
R  O  V  Y  Q  E  Q  I  Q  S  I  E  N  P
T  T  M  O  O  T  T  O  R  I  T  N  E  Y
T  A  T  K  A  T  U  E  T  P  U  S  Y  Ö
A  L  M  Q  P  H  E  A  F  C  S  S  U  R
B  L  T  U  N  N  E  L  I  M  E  I  O  Ä
G  I  J  A  L  A  N  K  U  L  K  I  J  A
```

AUTO	MOOTTORIPYÖRÄ
POLTTOAINE	MOOTTORI
VAROITUS	JALANKULKIJA
TIE	VAARA
JARRUT	POLIISI
AUTOTALLI	KATU
KAASU	KULJETUS
LISENSSI	LIIKENNE
KARTTA	TUNNELI

2 - Atividades

```
R E N T O U T U M I N E N O
Y U F L M L H C D O E E E I
N D V A L O K U V A U S B V
V A P A A M A T U I M Y U Y
T A I D E Y L B A T A I K A
A P E L I T A Y G I D L H M
J Q K C O P S H S U T C I B
B V E N E E T V Z Q L O W S
U R W L Z N U M A A L A U S
E T U Z R F S V A E L L U S
K E R A M I I K K A E L E G
M E T S Ä S T Y S F D C A N
T O I M I N T A K V A V I R
L U K E M I N E N Z U J W A
```

TAIDE

VENEET

TOIMINTA

METSÄSTYS

VAELLUS

KERAMIIKKA

VALOKUVAUS

TAITO

ETU

PELIT

VAPAA

LUKEMINEN

TAIKA

KALASTUS

MAALAUS

ILO

RENTOUTUMINEN

3 - Churrascos

```
K  P  E  R  H  E  H  E  D  E  L  M  Ä  T
U  A  Q  M  M  O  H  G  E  N  G  M  N  Q
U  P  S  A  L  A  A  T  I  T  G  T  I  P
M  D  E  T  F  P  D  I  E  Y  R  I  S  S
A  S  R  L  I  L  L  A  L  L  I  N  E  N
M  L  F  Q  I  K  U  T  S  U  L  N  T  V
U  L  U  H  P  T  E  Z  J  M  L  K  O  I
S  N  V  E  I  T  S  E  T  N  I  A  M  H
I  Ä  W  E  P  P  S  U  O  L  A  N  A  A
I  L  L  A  P  S  E  T  B  O  M  A  A  N
K  K  J  Z  U  K  M  Y  K  U  E  N  N  N
K  Ä  W  N  R  K  E  F  L  N  P  O  I  E
I  U  S  I  I  J  J  S  K  A  G  W  T  S
U  G  G  A  E  U  H  G  Ä  S  P  F  U  L
```

LOUNAS	PELIT
KUTSU	VIHANNES
LAPSET	KASTIKE
VEITSET	MUSIIKKI
PERHE	PIPPURI
NÄLKÄ	KUUMA
KANA	SUOLA
HEDELMÄ	SALAATIT
GRILLI	TOMAATIT
ILLALLINEN	KESÄ

4 - Pesca

```
V N L V K O U K K U R Y D G
S M E Y E M J U J R V J G O
W C U T J N R O V H H B V L
J O K I R I E H V K C A P
W S A T Å L M O D I G H E T
O V E R D R I V E L S E P K
S L G L I J Ä R V I B A A O
L K Z J A L K A U S I M I K
V E S I E I C S N U H D N K
E A O V A L T A M E R I O I
Y B H I H D L T Q G Q E I L
K O R I M B Q E E Y V V C G
S Y Ö T T I C P N E O Ä C Z
Z R R A N T A A L E T T R Z
```

VESI	SYÖTTI
EVÄT	JÄRVI
VENE	LEUKA
GJELLENE	VALTAMERI
KORI	TÅLMODIGHET
KOKKI	PAINO
LAITTEET	RANTA
OVERDRIVELSE	JOKI
KOUKKU	KAUSI

5 - Geologia

```
V  Y  F  P  K  O  L  K  E  R  R  O  S  T
M  O  N  E  O  F  A  U  K  Y  Q  K  O  A
A  N  L  B  C  P  V  C  O  Y  S  V  S  S
A  A  E  C  C  V  A  R  R  L  T  A  T  A
N  A  U  O  A  W  E  Y  A  J  A  R  A  N
O  L  R  N  I  N  R  S  L  A  L  T  L  K
S  H  B  C  N  N  O  T  L  G  A  S  A  O
A  W  A  L  T  Z  O  A  I  N  C  I  G  S
F  Y  I  P  Y  R  S  L  H  V  T  P  M  U
V  H  S  U  P  B  I  O  R  K  I  V  I  O
N  A  R  A  U  O  O  Q  J  Y  T  R  I  L
F  O  S  S  I  I  L  I  N  F  E  T  T  A
M  A  A  N  J  Ä  R  I  S  T  Y  S  I  U
K  A  L  S  I  U  M  Z  K  M  A  S  T  O
```

HAPPO	STALAGMIITIT
KERROS	FOSSIILI
LUOLA	LAVA
KALSIUM	KIVI
MAANOSA	TASANKO
KORALLI	KVARTSI
CRYSTAL	SUOLA
EROOSIO	MAANJÄRISTYS
STALACTITE	VOLCANO

6 - Móveis

```
H  B  H  H  V  N  H  F  E  A  U  W  S  S
P  H  A  S  E  P  A  T  J  A  N  R  O  Ä
T  T  K  I  R  J  A  H  Y  L  L  Y  H  N
E  U  B  D  H  G  T  E  Y  Z  N  J  V  K
E  A  O  G  O  F  A  A  Y  L  I  O  A  Y
I  Z  A  L  T  P  H  U  W  I  L  T  Z  D
Z  U  M  F  I  T  Y  Y  N  Y  T  Y  W  F
N  O  J  A  T  U  O  L  I  A  Y  Ö  T  U
S  S  G  B  P  E  N  K  K  I  A  P  T  T
R  I  I  P  P  U  M  A  T  T  O  Ö  Y  O
D  Q  F  K  A  J  F  A  Y  I  W  Y  Y  N
I  R  O  L  B  M  M  I  T  K  Z  T  N  S
P  E  I  L  I  N  C  A  P  T  K  Ä  Y  E
L  S  H  N  B  P  J  M  A  V  O  C  E  O
```

TYYNY	KIRJAHYLLY
TYYNYT	FUTON
PENKKI	RIIPPUMATTO
TUOLI	TYÖPÖYTÄ
SÄNKY	NOJATUOLI
PATJA	HYLLYT
VERHOT	SOHVA
PEILI	MATTO

7 - Tempo

```
K A L E N T E R I A B Y G L
A V U O S I K Y M M E N N I
G A V U O S I S A T A Z H D
O Z M A A Y V I I M E Y Ö N
E O N U P Ä I V Ä F A T Y E
Z I K E S K I P Ä I V Ä P N
J C L Q V U K N Y T M N F N
R Y D E M U K M O U N Ä S E
M H E M N K O B L K C Ä K N
T U L E V A I S U U S N E H
Z F W W T U N N I N D W L E
W O N S J S E R G N Q V L T
E W Q Z B I M L V H W V O K
M I N U U T T I E I Z G Z I
```

NYT
VUOSI
ENNEN
KALENTERI
VUOSIKYMMEN
PÄIVÄ
TULEVAISUUS
TÄNÄÄN
TUNNIN
AAMU

KESKIPÄIVÄ
KUUKAUSI
MINUUTTI
HETKI
YÖ
EILEN
VIIME
KELLO
VIIKKO
VUOSISATA

8 - Astronomia

```
P  T  L  Y  Y  P  H  G  U  S  B  S  R  A
N  Ä  I  T  B  S  L  Q  C  R  U  J  A  U
Z  H  D  P  C  I  K  A  H  U  L  Z  K  R
D  D  D  D  W  G  Z  Y  N  N  J  G  E  I
O  I  B  D  J  P  K  Y  O  E  T  W  T  N
P  S  U  P  E  R  N  O  V  A  E  N  T  K
Z  T  A  I  V  A  S  K  U  U  I  T  I  O
M  Ö  J  M  N  I  Ä  O  S  M  L  C  T  G
E  R  L  E  D  C  T  S  H  U  A  T  Q  A
T  Z  F  N  Ø  E  E  M  G  I  M  A  E  L
E  H  P  N  G  O  I  O  U  P  B  U  M  A
O  Q  T  Y  N  Z  L  S  E  P  U  H  C  K
R  Y  F  S  H  Z  Y  J  B  U  C  U  L  S
I  Y  O  A  S  T  R  O  N  A  U  T  T  I
```

ASTRONAUTTI	KUU
TAIVAS	METEORI
TÄHDISTÖ	SUMU
KOSMOS	PLANEETTA
PIMENNYS	SÄTEILY
JEVNDØGN	AURINKO
RAKETTI	SUPERNOVA
GALAKSI	MAA

9 - Circo

```
J  L  E  C  T  R  V  Y  Z  V  T  P  A  Y
O  E  L  Y  A  E  U  P  D  L  N  U  K  O
N  I  Ä  K  I  T  L  I  K  C  L  K  P  F
G  J  I  A  K  E  M  T  Y  N  I  U  Q  A
L  O  M  T  U  M  Z  Y  T  B  P  M  A  Y
Ö  N  E  S  R  P  E  V  M  A  P  I  N  A
Ö  A  T  O  I  P  E  V  I  L  U  P  O  T
R  N  I  J  O  U  G  B  Q  L  V  K  R  W
I  M  P  A  R  A  A  T  I  O  L  K  S  B
T  I  I  K  E  R  I  A  J  N  U  R  U  G
B  V  Z  P  I  V  S  I  R  G  Z  Z  C  R
D  M  U  S  I  I  K  K  I  E  J  W  B  K
O  N  D  B  W  N  V  A  K  R  O  B  A  T
J  W  V  I  I  H  D  Y  T  T  Ä  Ä  L  L
```

AKROBAT	APINA
ELÄIMET	TAIKA
BALLONGER	JONGLÖÖRI
LIPPU	TAIKURI
PARAATI	MUSIIKKI
NORSU	TELTTA
VIIHDYTTÄÄ	TIIKERI
KATSOJA	PUKU
LEIJONA	TEMPPU

10 - Acampamento

```
K A N O O T T I Y A V R K J
M E T S Ä S T Y S N U I A L
U D Y A M M P Q H T O I R V
L A I T T E E T A A R P T K
K Ö Y S I Q H P T A I P T U
M T E L T T A E T P J U A U
Ö I W E T I T C U O L M J W
K E Q E M L U O N T O A L E
K O N Q L V Q Z K K U T N Y
I U F N J Ä R V I U U T Q M
S E I K K A I L U T H O J E
P L C V T K O M P A S S I T
J U L H Y Ö N T E I N E N S
L J U G T Z D F N T Q Y S Ä
```

ELÄIMET	METSÄ
SEIKKAILU	ANTAA POTKUT
PUU	HYÖNTEINEN
KOMPASSI	JÄRVI
MÖKKI	KUU
METSÄSTYS	RIIPPUMATTO
KANOOTTI	KARTTA
HATTU	VUORI
KÖYSI	LUONTO
LAITTEET	TELTTA

11 - Emoções

```
F E Q T I N N O I S S A A N
I K Ä V Y S T Y M I N E N G
L I P C V Y H R E D C C S S
O I E Q R H T M E S K Y S R
V T L C A L I Y S N F Y R A
Z O K M U S R Ö V O T T A K
H L O M H U S T H Ä J O U K
A L M K A U B Ä E J I E H A
S I S Ä L T Ö T L C A N A U
H N M P L U K U L R U G E S
S E J K I T O N Y N T H O N
A N G R N T V T Y L U U S W
H C U K E A Q O S I U E E T
Z H I T N A Z W A R S A S L
```

ILO
RAKKAUS
INNOISSAAN
AUTUUS
RAUHALLINEN
SISÄLTÖ
KIITOLLINEN
PELKO

RAUHA
SUUTUTTAA
RENTO
TYYTYVÄINEN
MYÖTÄTUNTO
HELLYYS
IKÄVYSTYMINEN

12 - Ficção Científica

```
R  Ä  J  Ä  H  D  Y  S  S  Z  E  Y  W  F
E  V  W  O  R  A  A  K  K  E  L  I  F  Q
A  R  L  K  M  R  R  E  S  C  P  J  L  D
L  K  F  R  P  L  A  N  E  E  T  T  A  Y
I  E  S  O  N  C  G  A  L  A  K  S  I  S
S  F  L  B  R  K  H  A  K  I  R  J  A  T
T  B  H  O  A  Y  O  R  A  Y  V  E  N  O
I  L  O  T  K  A  J  I  U  Y  P  S  C  P
N  R  C  T  S  U  Z  O  K  C  H  Z  S  I
E  N  O  I  Z  V  V  M  A  A  I  L  M  A
N  U  T  O  P  I  A  A  I  Y  Q  T  S  N
I  L  L  U  U  S  I  O  N  N  F  G  H  I
B  Q  M  I  Y  B  G  V  E  M  A  U  Q  K
Ä  Ä  R  I  M  M  Ä  I  N  E  N  A  J  D
```

SKENAARIO	KIRJAT
ELOKUVA	MAAILMA
KAUKAINEN	ORAAKKELI
DYSTOPIA	PLANEETTA
RÄJÄHDYS	REALISTINEN
ÄÄRIMMÄINEN	ROBOTTI
GALAKSI	UTOPIA
ILLUUSIO	

13 - Mitologia

```
M A A G I N E N S C A S C J
S A R K E T Y P E O S Q H D
S A G M L B U U N K T K M K
A K L K U M S L D U O U Z O
N A D A O I K A A O L L R Q
K T D T M K O B M L E T L I
A A W E I A M Y V E N T E U
R S K U N V U R A V T U G K
I T H S E F K I H A O U E K
E R F I N H S N V I Y R N O
C O I Y R S E T U N Y I D N
B F P Q C V T T U E S V A E
E I A H T I I I S N I Q U N
T A I V A S M Ö N T S S V E
```

ARKETYPE	SOTURI
TAIVAS	SANKARI
KATEUS	LABYRINTTI
USKOMUKSET	LEGENDA
LUOMINEN	MAAGINEN
OLENTO	HIRVIÖ
KULTTUURI	KUOLEVAINEN
KATASTROFI	SALAMA
VAHVUUS	UKKONEN

14 - Medições

```
T A V U H H T Y C A L R P N
Z M I T T A R I K S S Q H O
P A I N O U C E S T E J M W
B S K C T O N N I E N Z Y C
R S Y V Y Y S S P I T U U S
L A K O R K E U S Q T T M T
D E S I M A A L I I I I I U
O U V G J S T B Z O M L N U
K Y M E G R A M M A E A U M
M L B I Y P V L T V T V U A
G L U M Y S O V I C R U T K
K I L O M E T R I T I U T I
K I L O G R A M M A R S I T
Q M V A L L V R U P K A K M
```

KORKEUS

TAVU

SENTTIMETRI

PITUUS

DESIMAALI

GRAMMA

ASTE

LEVEYS

LITRA

MASSA

MITTARI

MINUUTTI

UNSSI

PAINO

TUUMA

SYVYYS

KILOGRAMMA

KILOMETRI

TONNI

TILAVUUS

15 - Plantas

```
M S H K A S V I T I E D E Y
U K A S V I L L I S U U S R
R I T S B V I P W V B N R T
A L E H T I E N C W A B W T
T A R P M M A R J A M F V I
T N Ä A U E P W M W B O I M
I N L P M U T N Z J U U R I
N O E U K O T S B S S P U H
M I H P R O V A Ä Q A U O E
G T T K U K K A R O M S H O
T E I I K U Z N W H M K O V
K A S V I S T O J E A A B T
E U U Q K U P N M L L E E Z
U B G J G S Z K A K T U S L
```

PUSKA
PUU
MARJA
BAMBU
KASVITIEDE
KAKTUS
YRTTI
PAPU
LANNOITE
KUKKA

KASVISTO
METSÄ
LEHTIEN
RUOHO
MURATTI
PUUTARHA
SAMMAL
TERÄLEHTI
JUURI
KASVILLISUUS

16 - Veículos

```
H  E  L  I  K  O  P  T  E  R  I  U  L  S
G  W  J  E  F  D  S  P  M  E  T  R  O  U
V  K  G  T  A  K  S  I  D  N  S  Q  F  K
L  A  V  E  N  E  P  I  F  K  U  L  M  E
R  A  R  A  K  E  T  T  I  A  K  E  O  L
A  B  U  E  K  U  L  W  C  A  K  N  O  L
U  F  D  T  B  U  S  S  I  T  U  T  T  U
T  Q  S  L  T  I  Z  J  G  Y  L  O  T  S
O  C  Y  S  F  A  L  P  K  T  A  K  O  V
P  O  L  K  U  P  Y  Ö  R  Ä  Y  O  R  E
S  C  O  O  T  E  R  K  U  K  A  N  I  N
A  M  B  U  L  A  N  S  S  I  Z  E  T  E
T  R  A  K  T  O  R  I  V  I  M  G  V  S
L  T  N  T  K  Q  Q  E  Y  T  Y  F  A  W
```

AMBULANSSI	SCOOTER
LENTOKONE	METRO
LAUTTA	MOOTTORI
VENE	BUSSI
POLKUPYÖRÄ	RENKAAT
KUKA	SUKELLUSVENE
AUTO	TAKSI
RAKETTI	SUKKULA
VAREBIL	TRAKTORI
HELIKOPTERI	

17 - Restaurante # 2

```
G P H I L L A L L I N E N U
C J Ä Ä N Z Z J G Y U Z I N
T A R J O I L I J A V E S I
T U O L I H L N J U O M A H
H M N V S E O O S Y U D L E
A A U I U R A E U M O N A D
A U U H P K H L O N F I A E
R S D A P U A J L K A W T L
U T E N E L T L A A W S T M
K E L N V L A Y A Q V W I Ä
K E I E N I A L K U P A L A
A T T S A N G O M L A Q M Q
A D H U R E A A R W H O B Q
K A K K U N W L U S I K K A
```

LOUNAS	TARJOILIJA
ALKUPALA	HAARUKKA
VESI	JÄÄN
JUOMA	ILLALLINEN
KAKKU	VIHANNES
TUOLI	NUUDELIT
LUSIKKA	KALA
HERKULLINEN	SUOLA
MAUSTEET	SALAATTI
HEDELMÄ	SUPPE

18 - Países #2

```
I  H  Z  P  E  T  K  S  V  A  S  I  A  S
R  A  M  T  B  H  G  P  E  L  O  W  E  B
L  I  B  A  N  O  N  T  N  B  M  H  J  J
A  T  C  N  D  I  N  N  Ä  A  A  S  A  E
N  I  G  S  Z  L  N  S  J  N  L  T  M  K
T  I  P  K  Y  I  K  D  Ä  I  I  P  A  R
I  O  W  A  R  Y  J  E  O  A  A  A  I  E
N  N  F  K  T  R  R  S  J  N  M  K  K  I
I  E  J  A  P  A  N  I  B  R  E  I  A  K
G  P  P  G  L  N  M  Z  A  T  K  S  J  K
E  A  F  M  I  S  C  V  Q  L  S  T  I  A
R  L  N  A  U  K  Q  M  H  A  I  A  G  A
I  A  U  K  R  A  I  N  A  O  K  N  W  Z
A  U  G  A  N  D  A  V  P  S  O  N  A  O
```

ALBANIA   LIBANON
TANSKA   MEKSIKO
RANSKA   NEPAL
KREIKKA   NIGERIA
HAITI   PAKISTAN
INDONESIA   VENÄJÄ
IRLANTI   SYYRIA
JAMAIKA   SOMALIA
JAPANI   UKRAINA
LAOS   UGANDA

19 - Cozinha

```
B N W K D G H K A G L K K I
G U L V L E L V A Q H Q A P
J Ä Ä K A A P P I N V U T S
E H J L U U N I E P N E T J
S B P A T P V T S D K U I L
I V S U J S I C A V U R L U
L E T T E A V T Q P M A A S
I I G A F L E R E S E P T I
I T K S Y Ö D Ä U I J M P K
N S A L M A U S T E E T U A
A E U I K U L H O N F Q R T
G T H I W P Q C S I P L K Q
S J A N P A K A S T I N K F
I E B A G R I L L I E T I C
```

ESILIINA   PAKASTIN
KATTILA   GAFLER
LUSIKAT   JÄÄKAAPPI
SYÖDÄ   GRILLI
KAUHA   LAUTASLIINA
KUPIT   PURKKI
MAUSTEET   KANNU
SIENI   RESEPTI
VEITSET   KULHO
UUNI

20 - Brinquedos

```
L V S H A C J Y K S N C F K
P E L I T U F A U Z D R H H
O N N F S T T Y K G Y F D L
L E S T U A F O A N U K K E
K R A S O R O B O T T I S I
U U V H S K Z B S I W Q L J
P M I A I I O R Y K Q N V A
Y M C K K R E N B B M L Y B
Ö U U K K J J S E P A L L O
R T K I I A T U E K A F F S
Ä H Z Q P T R P P Z L C G C
B C M I E L I K U V I T U S
V E N E E T H H V E T Z Z O
M S T W O C N I P L N H J F
```

SAVI
VENEET
LENTOKONE
VENE
RUMMUT
POLKUPYÖRÄ
PALLO
NUKKE
KUKA

AUTO
SUOSIKKI
MIELIKUVITUS
PELIT
KIRJAT
LEIJA
ROBOTTI
MAALIT
SHAKKI

21 - Verão

```
T R T V O Y S Z S B I Y R R
V A P A A Z D F R A D S W E
K N U S A N D A A L I T C N
I T U P H F W B A C R Ä A T
R A T Y S B S F R T T V M O
J P A M U S I I K K I Ä P U
A E R E K T U Y O J B R I T
T R H R E G Ä G T Z U L N U
O H A I L B M H I I N Q G M
P E I K L Z M A T L I C C I
E F A F U M Q Q U I I E Z N
L M M L S E C L Q B N L G E
I M A T K U S T A A Y R O N
T M K V B R E L Z B T U U V
```

CAMPING   KIRJAT
ILO   MERI
YSTÄVÄ   SUKELLUS
KOTI   MUSIIKKI
TÄHTI   RANTA
PERHE   RENTOUTUMINEN
PUUTARHA   SANDAALIT
PELIT   MATKUSTAA
VAPAA

22 - Material de Arte

```
V V G M L A H K A M E R A A
Z K Z C U K S Y U T U O L I
B M H S O R Z N P M R M I Y
T A A D V Y W Ä V A V P I F
P A R W U Y H S C E P S M W
Ö L J Y U L V Ä R I S E A Y
Y I A I S I M P V R I R T
T T T S A V I U Y Z V J O I
Ä M A A L A U S T E L I N E
N S D C F E C T W B T M O L
Q T P Y L K M E K P F S O A
K Y R R F S J J P B I Y J I
P Y Y H E K U M I T U N Y W
A K V A R E L L I T U D S E
```

AKRYYLI	VÄRI
PYYHEKUMI	LUOVUUS
AKVARELLIT	HARJAT
SAVI	KYNÄ
VESI	PÖYTÄ
TUOLI	ÖLJY
MAALAUSTELINE	PAPERI
KAMERA	MUSTE
LIIMA	MAALIT

23 - Números

```
K A H D E K S A N W A M V N
K U U S I T O I S T A A I O
K A K S I T O I S T A T I L
K O L M E E O G O Y N E S L
J M M E P Y B D B F U M I A
K Y M M E N E N Z Q D A T A
S U S E I T S E M Ä N T O O
I O U Y K S I Z Z L O I I K
V V Y S N E L J Ä T H I S A
L Z G E I O V L B T S K T K
K O L M E T O I S T A K A S
D N E L J Ä T O I S T A S I
T F O I Y H D E K S Ä N K J
D E S I M A A L I R I P A Q
```

VIISI	NELJÄTOISTA
DESIMAALI	NELJÄ
KYMMENEN	VIISITOISTA
KUUSITOISTA	KUUSI
KAKSI	SEITSEMÄN
KAKSITOISTA	KOLMETOISTA
MATEMATIIKKA	KOLME
YHDEKSÄN	YKSI
KAHDEKSAN	NOLLA

24 - Ferramentas

```
K L V T R M I G V B O B A Q
I A A N V U L P Z Z T A E W
R P S P U O U V K Y N R J E
V I A K W I E V V Y B A E
E O R K Ö P J S A K S E T T
S V A C Y Y M A E T U R D I
Q E K B E Ö S N R S A K R K
A Y A S N R L I R F P N C A
P W A A Z Ä I T L P G I S P
V C P P M W I O E I H V P U
C S E H P S M J W H Z B E U
J R L A B M A A S D D U I T
A W I B V E I T S I W V O E
S O I H T U E Z S T I P U O
```

PIHDIT
KAAPELI
LIIMA
KÖYSI
TIKAPUUT
VEITSI
NITOJA
KIRVES

NUIJA
VASARA
BARBERKNIV
RUUVATA
LAPIO
PYÖRÄ
SAKSET
SOIHTU

25 - Especiarias

```
M A K E A Y K K A N E L I S
S U O L A C U R R Y E D I I
U B U A P A M I P E B Y G P
J C R K O R I A N T E R I U
M Y J S S Q N K Y N S I N L
W N F K H K A T K E R A K I
M A U S T E S A H R A M I V
P L C Q F W F N C W U R V A
L A K R I T S I K J Z T Ä N
B M C N I I D S H M Z F Ä I
P I P P U R I F J N A M R L
V A L K O S I P U L I K I J
H A P A N F E N K O L I U A
K A R D E M U M M A Y U B J
```

MAUSTESAHRAMI	SIPULI
LAKRITSI	KORIANTERI
VALKOSIPULI	KUMINA
KATKERA	KYNSI
ANIS	MAKEA
HAPAN	FENKOLI
VANILJA	INKIVÄÄRI
KANELI	PIPPURI
KARDEMUMMA	MAKU
CURRY	SUOLA

26 - Aniversário

```
U Q W I L O I N E N U E A P
T C O Y S T Ä V Ä O L G Z P
R M K K O R T I T N B S O Ä
B G A Y L P F B K N U O R I
D B L N C O P V A E V Z C V
N S E T T N F I F L N O I Ä
S Y N T Y N Y T A L A H J A
V C T I K J C N A I P U L Z
I P E L O U W E I N V H L F
I A R Ä L H T Z U E U W A U
S V I O L L Y S O N O D Z I
A U D C K A K K U U S P V L
U V A S A I K A V T I Y N A
S S P E S I E L L N L R M V
```

ILOINEN   PÄIVÄ
YSTÄVÄ   LAHJA
VUOSI   SPESIELL
OPPIA   ONNELLINEN
KAKKU   NUORI
KALENTERI   SYNTYNYT
LAULU   VIISAUS
KORTIT   AIKA
JUHLA   KYNTTILÄ
KUTSUT

27 - Casa

```
S A V U P I I P P U F B S F
P K B J H K O P Q Z U T S Z
S E I N Ä K I Y M J Z V U J
H I I T L U U T A U M E I D
A T V L K N P U U T A R H A
N T O Z I A Y W I F T H K U
A I T A M P H Q Y K T O U T
O Ö S T Y E O U P T O T U O
N Ø K L E R T K O E V E L T
I G A B S L T E A N I T L A
O E K I R J A S T O E Y A L
W H U O N E K A L U W I K L
N N D G T N K Y U L F N K I
R W P Y R Q A H V U L Z O O
```

KIRJASTO	PUUTARHA
AITA	TAKKA
SAVUPIIPPU	HUONEKALU
NØKLER	SEINÄ
SUIHKU	OVI
VERHOT	HUONE
KEITTIÖ	ULLAKKO
PEILI	MATTO
AUTOTALLI	HANA
IKKUNA	LUUTA

28 - Vegetais

```
S A L A A T T I S V O S T P
T U C T Z P I N A A T T I E
P I N A P J S E L L E R I R
I M E Y P K D P O K F A P S
N R Y D E D W H T O S R A I
K U R P I T S A T S I T R L
I U S C M B P O I I P I S J
V Q R I Z N F P S P U S A A
Ä H U K E N Z E I U L O K U
Ä E M L K N F R P L I K A M
R R H D L U I U U I M K A W
I N A U R I S N L F P A L V
R E T I I S I A I I A I I P
M U N A K O I S O P A S O A
```

KURPITSA	SIENI
SELLERI	HERNE
ARTISOKKA	PINAATTI
VALKOSIPULI	INKIVÄÄRI
PERUNA	NAURIS
MUNAKOISO	KURKKU
PARSAKAALI	RETIISI
SIPULI	SALAATTI
SALOTTISIPULI	PERSILJA

29 - Exploração

```
V A A R A T J E O U L M I P
J I E U U P U M U S Ö J Z K
Ä Z L T R E K E H L Y M J O
N L Ä L O O M A A H T N Q R
N Y I Q I I H J Y V Ö U I Q
I A M K B A M K J H M Z V N
T T E I D K L I E O P P I A
Y A T E C I E K N U U S I T
S Y E L E J H E U T T Z N A
U G P I T U N T E M A T O N
K A U K A I N E N P Z N A U
P Ä Ä T T Ä V Ä I S Y Y S N
M A T K U S T A A T I L A F
Z T W S E U R U Z R D D C M
```

ELÄIMET   UUPUMUS
OPPIA   JÄNNITYS
TOIMINTA   KIELI
ROHKEUTTA   UUSI
LÖYTÖ   VAARAT
TUNTEMATON   VILLI
PÄÄTTÄVÄISYYS   MAA
KAUKAINEN   MATKUSTAA
TILA

30 - Balé

```
H J T Y Y L I K Y Y L H B T
K A E A F M W I L S I A A A
O O R B N G B F E S H R L I
R N R J O S Z A I M A J L T
K G Y E O A S D S S K O E E
E M T G O I W I Ö U S I R E
S E M I N G T A J M E T I L
T L I I G L R U T A T E N L
E E W S B U V A K D T L A I
R D O D L Y Q K F S F L A N
I L M E I K Ä S Z I E A Z E
T A I T O O D R M J A T L N
I N T E N S I T E E T T I I
Z V J Z S Ä V E L T Ä J Ä P
```

TAITEELLINEN	ELE
BALLERINA	TAITO
SÄVELTÄJÄ	INTENSITEETTI
KOREOGRAFIA	LIHAKSET
TANSSIJAT	ORKESTERI
HARJOITUKSET	HARJOITELLA
TYYLI	YLEISÖ
ILMEIKÄS	RYTMI

31 - Conservação

```
T O R J U N T A A I N E F K
K E Z V S Y K L I N U W O O
T I R Y Ä U V J L Y A I R U
W H E V A H F H M K U G U L
V I H R E Ä E Q A A U I R U
M Z Q K R Y A N S N P H E T
U F G B D Ä S B T D A Y N U
N R K D I R T T O Ä T K S S
A I U Q W V Y T L S Ä E N F
M V D A P H E L Ä R M S I G
E E I Z H E U F B Ä C T N G
T S R W K Q I H H Y P Ä G H
A I Y M P Ä R I S T Ö V N Q
O R G A A N I N E N U Ä V R
```

YMPÄRISTÖ	FORURENSNING
VESI	KIERRÄTTÄÄ
SYKLI	VÄHENTÄÄ
ILMASTO	TERVEYS
KOULUTUS	KESTÄVÄ
ORGAANINEN	VIHREÄ
TORJUNTA-AINE	

32 - Adjetivos #1

```
R A S K A S T E T V A R W I
Y S Q O D U P H U A R E J D
A A O J J U M D M K V H V J
R L H S I R Z O M A O E I E
O A U C V I A T A V K L E K
M P T O U T N O Ä A A L H S
A E W T L J T N L R S I Ä O
A R R M O D E R N I K N T T
T Ä Y D E L L I N E N E T I
T I G H C Z I J K U M N Ä S
I N F D T V A L T A V A V K
N E H I D A S I F S Y Y Ä M
E N I D E N T T I N E N L Q
N T A I T E E L L I N E N S
```

EHDOTON
AROMAATTINEN
TAITEELLINEN
VIEHÄTTÄVÄ
VALTAVA
TUMMA
EKSOTISK
OHUT
ANTELIAS
SUURI

REHELLINEN
IDENTTINEN
TÄRKEÄ
HIDAS
SALAPERÄINEN
MODERNI
TÄYDELLINEN
RASKAS
VAKAVA
ARVOKAS

33 - Insetos

```
R P E R H O N E N O T K M S
I A Z P C Y H K A C O I U U
T E R M I I T T I H U R U D
O P D A C L M T F E K P R E
R Z U T A E E Y Y I K P A N
A H C O D P H S A N A U H K
K I R V A P I I M Ä E B A O
K O C M J Ä L R P S S N I R
A C I T O K Ä K I I I J N E
J F S G K E I K A R L R E N
B Q V S W R N A I K S A N T
D S E A Y T E A N K J O L O
B P K F U T N S E A F A J N
B S E Y W U K C N E J D N D
```

MEHILÄINEN   SUDENKORENTO
TORAKKA   SIRKKA
PERHONEN   KOI
CICADA   MATO
TERMIITTI   HYTTYNEN
MUURAHAINEN   KIRPPU
HEINÄSIRKKA   KIRVA
LEPPÄKERTTU   AMPIAINEN
TOUKKA

34 - Paisagens

```
J  K  T  J  V  A  L  T  A  M  E  R  I  O
T  Ä  J  Ä  U  Q  W  U  W  E  Ä  B  I  K
J  F  R  Ä  O  V  V  N  C  R  A  K  D  Y
B  B  S  V  R  V  O  D  B  I  Q  M  I  N
A  L  T  U  I  K  L  R  D  O  J  O  K  I
V  A  E  O  I  U  C  A  S  D  J  W  I  E
T  A  V  R  S  A  A  R  I  S  Ä  R  M  M
F  K  U  I  L  U  N  L  E  N  Ä  A  E  I
J  S  U  O  K  F  O  E  T  E  T  N  H  M
Y  O  L  P  E  K  M  J  A  I  I  T  J  A
J  L  A  Z  I  C  O  H  C  C  K  A  P  A
B  P  M  D  D  N  H  W  Q  I  K  U  S  C
N  Q  Y  U  A  L  U  O  L  A  Ö  J  D  V
P  E  V  E  S  I  P  U  T  O  U  S  J  D
```

VESIPUTOUS	VUORI
LUOLA	KEIDAS
MÄKI	VALTAMERI
AAVIKKO	SUO
JÄÄTIKKÖ	NIEMIMAA
KUILU	RANTA
JÄÄVUORI	JOKI
SAARI	TUNDRA
JÄRVI	LAAKSO
MERI	VOLCANO

35 - Dança

```
V I S U A A L I N E N G H D
B J O L Y A T F M B N B A A
G Q J S F K U L T T U U R I
K O R E O G R A F I A A J M
U W Y F Y V C L D L D R O U
M J H E B I K I M M C M I S
P W T T I L O I N E N O T I
P R I U A R Z K F I G Y U I
A P N N A I Y E B K A W K K
N H H N L G D T D Ä R D S K
I H K E H O J E M S V T E I
K L A S S I N E N I P L T P
A K A T E M I A J J F A D D
U Z P E R I N T E I N E N F
```

AKATEMIA	ILMEIKÄS
ILOINEN	ARMO
TAIDE	LIIKE
KLASSINEN	MUSIIKKI
KOREOGRAFIA	KUMPPANI
KEHO	RYHTI
KULTTUURI	RYTMI
TUNNE	PERINTEINEN
HARJOITUKSET	VISUAALINEN

36 - Nutrição

```
L  T  M  Y  R  K  K  Y  K  K  R  C  N  N
A  F  E  Y  N  K  V  H  Ä  A  U  O  Æ  E
A  Q  I  R  E  O  Y  N  Y  R  O  K  R  S
T  W  F  H  V  D  E  J  M  B  A  A  I  T
U  S  K  Z  W  E  J  Z  I  O  N  T  N  E
P  U  A  V  Z  P  C  B  N  H  S  K  G  E
T  R  L  P  A  I  N  O  E  Y  U  E  S  T
E  K  O  L  D  Z  O  Y  N  D  L  R  S  S
R  A  R  T  K  C  S  N  T  R  A  A  T  Y
V  S  I  F  E  D  Q  D  M  A  T  D  O  Ö
E  T  O  M  M  I  T  W  P  T  U  Q  F  T
Y  I  O  T  A  K  I  Z  F  E  S  C  F  Ä
S  K  D  Q  B  K  D  N  D  R  G  F  P  V
F  E  I  C  E  K  U  A  I  C  F  Y  M  Ä
```

KATKERA	NÆRINGSSTOFF
KALORI	PAINO
KARBOHYDRATER	PROTEIINI
SYÖTÄVÄ	LAATU
RUOANSULATUS	MAKU
KÄYMINEN	TERVE
NESTEET	TERVEYS
KASTIKE	MYRKKY

37 - Disciplinas Científicas

```
P  M  E  T  E  O  R  O  L  O  G  I  A  T
S  K  A  S  V  I  T  I  E  D  E  T  J  Ä
Y  K  I  N  E  S  I  O  L  O  G  I  A  H
K  M  I  N  E  R  A  L  O  G  I  A  L  T
O  M  S  O  S  I  O  L  O  G  I  A  U  I
L  A  E  A  R  K  E  O  L  O  G  I  A  T
O  N  V  K  G  E  O  L  O  G  I  A  M  I
G  A  G  E  A  E  K  O  L  O  G  I  A  E
I  T  C  M  A  N  J  W  S  F  K  M  L  D
A  O  E  I  J  B  I  O  L  O  G  I  A  E
W  M  W  A  F  Y  S  I  O  L  O  G  I  A
B  I  O  K  E  M  I  A  K  Q  W  M  T  I
Q  A  W  J  E  J  J  O  C  K  L  I  J  L
N  E  U  R  O  L  O  G  I  A  A  A  V  K
```

ANATOMIA	GEOLOGIA
ARKEOLOGIA	MEKANIIKKA
TÄHTITIEDE	METEOROLOGIA
BIOLOGIA	MINERALOGIA
BIOKEMIA	NEUROLOGIA
KASVITIEDE	PSYKOLOGIA
KINESIOLOGIA	KEMIA
EKOLOGIA	SOSIOLOGIA
FYSIOLOGIA	

38 - Meditação

```
M Y S T Ä V Ä L L I S Y Y S
Y H Y V Ä K S Y M I N E N Y
Ö L H A V A I N T O L L S C
T Y I H E N K I S T Ä I M R
Ä A L I H U O M I O P P I A
T C J T K P T C P B O H E U
U L A A P E B R Y H T I L H
N U I D T T Q K C R S F I A
T O S L M U S I I K K I U F
O N U B V N K Y K Y C U Y K
B T U P R N U S E L K E Y S
J O S A H E R E I L L Ä K F
N Ä K Ö K U L M A A P O O L
K I I T O L L I S U U S Q D
```

HYVÄKSYMINEN   MIELI
HEREILLÄ   LIIKE
OPPIA   MUSIIKKI
HUOMIO   LUONTO
YSTÄVÄLLISYYS   HAVAINTO
SELKEYS   RAUHA
MYÖTÄTUNTO   AJATUKSIA
TUNNE   NÄKÖKULMA
KIITOLLISUUS   RYHTI
HENKISTÄ   HILJAISUUS

39 - Artes Visuais

```
R Y M O Z P H A V M L D P V
W H W A L A K K A U N K A E
M E S T A R I T E O S L R I
K L U A D L J O U T N J A S
N W W S N C A E Y O Ä J F T
L U O V U U S U Q K K Q I O
K K B V O Q T I S U Ö Y I S
L W T I Z E I U I V K R N V
E I E U H L R T I A U S I Ä
D C I Q K O V V Q O L A N K
A Q B T M K N D F Q M V H J
O O J Z U U O F W C A I R K
G W G H D V A L O K U V A B
T U U E T A I T E I L I J A
```

SAVI
TAITEILIJA
KYNÄ
PARAFIINI
LUOVUUS
VEISTOS
ELOKUVA

VALOKUVA
LIITU
MESTARITEOS
NÄKÖKULMA
MAALAUS
MUOTOKUVA
LAKKA

40 - Instrumentos Musicais

```
Z  S  M  Z  V  Q  T  Q  A  S  T  T  H  W
P  U  T  R  H  O  H  W  C  A  A  R  U  H
O  B  O  E  U  L  M  R  F  K  M  U  U  A
S  P  D  K  I  T  A  R  A  S  B  M  L  R
E  A  O  N  L  A  N  U  G  O  U  P  I  P
L  S  N  M  U  K  D  M  O  F  R  E  H  P
L  U  Y  I  B  M  O  P  T  O  I  T  A  U
O  U  M  T  A  Z  L  U  T  N  I  T  R  Q
V  N  M  U  N  W  I  B  I  I  N  I  P  R
I  A  C  G  J  P  I  A  N  O  I  J  P  B
U  B  J  D  O  V  N  J  M  Z  Y  T  U  Z
L  W  V  G  F  N  I  G  W  D  K  U  G  Z
U  I  F  P  Y  O  G  M  A  R  I  M  B  A
K  L  A  R  I  N  E  T  T  I  P  R  Y  M
```

MANDOLIINI	TAMBURIINI
BANJO	PIANO
KLARINETTI	SAKSOFONI
FAGOTTI	RUMPU
HUILU	PASUUNA
HUULIHARPPU	TRUMPETTI
GONG	KITARA
HARPPU	VIULU
MARIMBA	SELLO
OBOE	

41 - Escola #1

```
O  W  U  P  B  R  Z  F  K  T  W  L  C  H
K  P  Z  P  L  K  P  D  H  I  S  Y  Q  M
O  A  P  B  Y  I  M  H  A  E  R  I  V  I
K  P  L  I  M  R  W  Z  A  T  Q  J  K  Y
E  E  O  A  A  J  R  G  K  O  O  Y  A  S
E  R  U  Z  K  A  L  G  K  K  P  K  H  T
T  I  N  F  Y  S  Q  A  O  I  E  Y  F  Ä
R  S  A  D  S  T  K  O  S  L  T  N  U  V
Y  R  S  U  W  O  B  B  E  P  T  Ä  Q  Ä
T  Y  Ö  P  Ö  Y  T  Ä  T  A  A  B  Y  G
W  Z  W  Z  E  R  U  Q  H  I  J  Z  N  G
K  A  N  S  I  O  O  Z  N  L  A  E  B  V
G  A  Q  G  L  L  L  F  N  U  M  E  R  O
K  Y  N  Ä  T  K  I  H  D  F  K  I  U  U
```

AAKKOSET	LYIJYKYNÄ
LOUNAS	KIRJAT
YSTÄVÄ	TYÖPÖYTÄ
OPPIA	NUMERO
KIRJASTO	PAPERI
TUOLI	KANSIO
KYNÄT	OPETTAJA
KOKEET	TIETOKILPAILU

42 - Adjetivos #2

```
Z  W  O  S  K  N  T  S  F  Z  P  R  C  K
Q  V  U  Y  U  C  Y  H  O  C  U  C  L  U
V  V  Z  N  U  O  Y  P  T  L  H  H  G  V
A  A  S  P  M  Q  L  K  F  U  D  N  T  A
H  U  S  P  A  J  I  A  N  O  A  T  F  U
V  E  U  T  T  C  K  I  I  N  S  D  L  S
A  M  Z  S  U  K  Ä  T  C  N  T  O  A  N
B  E  N  P  I  U  S  O  Z  O  E  L  H  O
Y  L  P  E  Ä  U  L  D  P  L  R  N  J  R
P  A  K  S  U  L  U  L  B  L  V  Y  A  M
H  T  S  N  C  U  O  L  I  I  E  R  K  A
J  M  P  K  U  I  V  A  L  N  E  K  A  A
V  I  L  L  I  S  A  V  O  E  E  E  S  L
T  U  O  T  T  A  V  A  F  N  L  N  C  I
```

AITO	UUSI
LUOVA	YLPEÄ
KUVAUS	TUOTTAVA
LAHJAKAS	PUHDAS
TYYLIKÄS	KUUMA
KUULUISA	VASTUULLINEN
VAHVA	SUOLAINEN
PAKSU	TERVE
LUONNOLLINEN	KUIVA
NORMAALI	VILLI

43 - Roupas

```
B D B R U J A W L G H G K E
K C P E O K Z D A R A H A S
K Ä V I L L A P A I T A U I
E Q S A N D A A L I T M L L
N L F I K G N I T G U E A I
K F D W N J M T A F M A K I
Ä E C C C E H A K L C R O N
H O U S U T E U K S F M R A
P M Z S M U O T I K H B U H
S Y P U S E R O Z V U Å W Z
O P J K H A Z K M Y I N R V
K A F A R K U T H Ö V D N E
N T B T M E K K O I H N W W
N E Z Q H A V B W I Q Q I V
```

ESILIINA   KÄSINEET
PUSERO   SUKAT
HOUSUT   MUOTI
PAITA   PYJAMA
HATTU   ARMBÅND
VYÖ   HAME
KAULAKORU   SANDAALIT
TAKKI   KENKÄ
FARKUT   VILLAPAITA
HUIVI   MEKKO

44 - Herbalismo

```
T  I  M  J  A  M  I  A  C  R  B  T  Q  H
J  W  E  A  E  S  V  I  E  O  G  A  P  Y
Z  Z  I  F  K  G  I  N  L  S  D  U  A  Ö
Y  V  R  C  K  U  H  E  P  M  V  Z  P  D
A  P  A  R  T  K  R  S  L  A  A  T  U  Y
K  R  M  V  A  Y  E  O  G  R  L  B  U  L
K  W  I  E  E  K  Ä  S  B  I  K  A  T  L
S  E  I  K  Z  E  U  A  F  I  O  S  A  I
V  F  O  H  T  U  R  U  E  N  S  I  R  N
P  E  R  S  I  L  J  A  N  I  I  L  H  E
K  U  K  K  A  C  F  B  K  A  P  I  A  N
S  U  K  A  S  V  I  Y  O  Q  U  K  Y  M
S  L  A  V  E  N  T  E  L  I  L  A  T  Q
D  F  A  S  E  E  M  P  I  F  I  Y  P  K
```

ROSMARIINI
VALKOSIPULI
HYÖDYLLINEN
RAKUUNA
KUKKA
FENKOLI
AINESOSA
PUUTARHA
LAVENTELI

BASILIKA
MEIRAMI
KASVI
LAATU
MAKU
PERSILJA
TIMJAMI
VIHREÄ

45 - Frutas

```
T  M  A  N  G  O  G  P  Ä  Ä  R  Y  N  Ä
Z  A  N  A  N  A  S  U  J  V  R  Y  K  I
V  R  P  O  N  Q  A  B  A  Q  H  C  O  I
Z  J  B  A  N  A  A  N  I  V  C  R  K  A
O  A  Z  P  J  Q  O  M  B  Z  A  F  O  N
A  M  K  E  N  I  I  P  L  C  H  G  S  S
O  V  E  W  N  E  K  T  A  R  I  I  N  I
R  R  O  N  R  E  I  U  C  V  W  F  Ø  T
A  Y  S  K  A  V  I  I  K  U  N  A  T  R
N  P  P  M  A  T  V  D  B  W  S  T  T  U
S  Ä  B  T  S  D  I  H  E  V  U  Q  L  U
S  L  V  Z  B  S  O  T  R  Y  Z  G  Q  N
I  E  R  L  P  T  P  E  R  S  I  K  K  A
F  V  A  D  E  L  M  A  Y  C  F  W  M  S
```

AVOKADO	KIIVI
ANANAS	ORANSSI
BLACKBERRY	SITRUUNA
MARJA	OMENA
BANAANI	MANGO
KOKOSNØTT	NEKTARIINI
VIIKUNA	PÄÄRYNÄ
VADELMA	PERSIKKA
GUAVA	RYPÄLE

46 - Corpo Humano

```
P  E  Z  S  N  A  E  S  Y  D  Ä  N  Y  D
I  O  J  G  F  P  N  H  U  U  L  E  T  I
W  M  L  Y  O  B  F  O  O  U  Q  H  M  G
L  E  O  V  Z  Y  N  M  G  M  H  L  N  A
I  C  E  L  I  H  O  H  H  D  L  K  E  C
M  J  J  V  O  A  Z  K  F  S  S  O  N  I
M  A  A  G  L  E  U  K  A  T  W  H  Ä  U
S  I  L  M  Ä  O  L  K  A  P  Ä  Ä  M  N
O  V  K  J  W  T  C  O  S  Ä  K  Ä  S  I
R  O  A  A  R  S  Q  R  S  Ä  E  V  K  L
M  T  G  W  U  A  L  V  E  R  I  Q  P  K
I  C  A  E  U  L  Q  A  C  W  G  M  T  K
M  T  I  O  S  Y  A  Q  I  R  V  G  Z  A
K  Y  Y  N  Ä  R  P  Ä  Ä  G  T  I  H  R
```

SUU	SILMÄ
PÄÄ	OLKAPÄÄ
AIVOT	KORVA
SYDÄN	IHO
KYYNÄRPÄÄ	JALKA
SORMI	KAULA
POLVI	LEUKA
HUULET	VERI
KÄSI	OTSA
NENÄ	NILKKA

47 - Restaurante #1

```
K T A R J O I L I J A S K K
A E W L D G O E A H W Y N U
H K I O M V J I Z F K Ö V L
V F A T D A C P L A C D E H
I F B N T S U Ä A I J Ä I O
L I H A A I K S U N Ä F T V
E Q Q L S H Ö N T E L B S A
V U I L M T C K A E K C I R
Y P V E T F K A S T I K E A
J Y K R E O K Y L Q R N C U
A I S G G U K N I W U G E S
O H T I B K R E I Y O J L N
Q L R A B C Q Z N J K Q K W
V A L I K K O U A J A H Z S
```

ALLERGIA	AINE
KAHVI	VALIKKO
LIHA	KASTIKE
SYÖDÄ	LEIPÄ
KEITTIÖ	MAUSTEINEN
VEITSI	LEVY
KANA	VARAUS
TARJOILIJA	JÄLKIRUOKA
LAUTASLIINA	KULHO

48 - Caminhada

```
J K R D V L K T A P A G V L
K L A N I C M N A U U R Ä V
I O S R D R I E S I R T S E
V I K L T V E S I S I A Y J
I L A O L T K Ä P T N D N K
P M S W U C A Ä S O K S Y Y
C A Y P O S C K D T O E T D
Y S U U N T A V A A R A T E
I T K U T F M A D A J V E V
A O V M O F P B P V U O R I
K A L L I O I K Q P P F F L
B G Z H H B N C T M A D Y L
I C D N M R G D R Q M A R I
E J G E L Ä I M E T O S T E
```

CAMPING	SUUNTA
ELÄIMET	PUISTOT
VESI	KIVI
SAAPPAAT	KALLIO
VÄSYNYT	VAARAT
ILMASTO	RASKAS
KOKOUS	VILLI
KARTTA	AURINKO
VUORI	SÄÄ
LUONTO	

49 - Água

```
D  K  A  N  A  V  A  L  S  W  Z  H  K  V
N  R  J  A  V  Z  E  G  G  S  B  B  U  W
W  W  K  P  A  K  K  A  N  E  N  J  H  Z
K  V  R  T  L  S  I  D  M  L  G  Ä  C  U
Z  O  Q  J  T  U  M  G  S  U  K  Ä  G  J
H  Q  S  H  A  I  H  T  U  M  I  N  E  N
V  R  A  T  M  H  Q  S  U  I  C  M  Y  K
A  C  O  W  E  K  E  A  F  L  H  N  S  A
P  A  T  M  R  U  W  D  V  O  V  Y  I  S
Y  J  L  H  I  B  S  E  R  K  Y  A  R  T
U  R  O  T  L  O  J  Ä  R  V  I  C  K  E
M  E  C  V  O  M  O  N  S  U  U  N  I  L
J  O  K  I  H  Ö  Y  R  Y  D  Q  V  I  U
H  U  R  R  I  K  A  A  N  I  E  F  F  C
```

KANAVA	KASTELU
SADE	JÄRVI
SUIHKU	MONSUUNI
HAIHTUMINEN	LUMI
HURRIKAANI	VALTAMERI
PAKKANEN	AALTO
JÄÄN	JOKI
GEYSIR	KOSTEUS
TULVA	HÖYRY

50 - Ecologia

```
U  R  H  D  S  K  Z  C  L  A  Y  A  K  S
D  K  Z  I  O  A  I  V  U  N  H  C  U  E
M  E  R  I  B  S  L  U  O  N  T  O  I  L
L  N  S  U  O  V  M  O  N  K  E  E  V  V
J  A  T  E  C  I  A  R  N  E  I  L  U  I
W  J  J  Z  K  T  S  E  O  S  S  Ä  U  Y
Z  Z  R  I  B  F  T  T  L  T  Ö  I  S  T
K  W  N  I  T  G  O  Q  L  Ä  K  M  Z  Y
R  N  N  V  H  B  F  G  I  V  O  I  N  M
R  S  A  C  N  Z  K  S  N  Ä  B  S  J  I
M  Q  G  D  E  Z  T  W  E  W  Q  T  J  N
K  A  S  V  I  S  T  O  N  P  E  Ö  P  E
R  E  S  U  R  S  S  I  E  F  C  D  C  N
K  A  S  V  I  L  L  I  S  U  U  S  I  O
```

ILMASTO	LUONTO
YHTEISÖ	SUO
LAJIT	KASVIT
ELÄIMISTÖ	RESURSSI
KASVISTO	KUIVUUS
MERI	SELVIYTYMINEN
VUORET	KESTÄVÄ
LUONNOLLINEN	KASVILLISUUS

51 - Família

```
M  E  D  O  Y  H  J  C  S  R  S  P  B  V
I  S  Ä  S  T  F  Q  L  T  C  T  O  Z  E
K  I  D  V  P  E  U  A  Ä  D  A  J  U  L
N  S  V  E  E  F  A  P  T  M  M  A  K  J
Y  K  N  L  K  L  S  S  I  Q  F  N  W  E
P  O  N  I  H  Z  J  I  S  P  A  P  J  N
Ä  I  D  I  N  T  D  E  Ä  W  R  O  C  T
L  L  V  A  I  M  O  M  N  E  T  I  T  Y
U  A  A  T  Y  T  Ä  R  M  P  P  K  Z  T
S  Q  P  P  V  Y  M  Ä  I  Z  O  A  N  Ä
J  H  I  S  S  N  B  I  E  L  N  I  R  R
S  E  T  Ä  E  U  F  T  S  E  R  K  K  U
O  W  Y  Y  J  T  U  I  Q  S  L  Q  Y  A
I  S  O  Ä  I  T  I  S  W  K  E  N  M  D
```

STAMFAR	ÄIDIN
ISOÄITI	ÄITI
LAPSI	POJANPOIKA
LAPSET	ISÄ
VAIMO	ISÄN
TYTÄR	SERKKU
LAPSUUS	VELJENTYTÄR
SISKO	VELJENPOIKA
VELI	TÄTI
MIES	SETÄ

52 - Férias #2

```
G Y O Q R L G I K L U F L E
Z T R B D C Z B G U A B O K
B C T A K S I O T F V M M O
S A A R I T P N A T A A A H
V V K N F E T L U H R T T D
I U W A E N V A P A A K E E
I O G P R Q E C A V U A L M
S R Z N Q T G Q S N K Y T E
U E A S B E T I S H S S T R
M T Z N B W R A I S E O A I
I Z K H T K U L J E T U S U
R T Z M B A H O T E L L I J
U L K O M A A L A I N E N Y
E O C R A V I N T O L A G S
```

LUFTHAVN	VUORET
KOHDE	PASSI
ULKOMAALAINEN	RANTA
LOMA	VARAUKSET
KUVAT	RAVINTOLA
HOTELLI	TAKSI
SAARI	TELTTA
VAPAA	KULJETUS
KARTTA	MATKA
MERI	VIISUMI

53 - Edifícios

```
N V N T F L I K O U L U I S
W P H Y E M Ä T U M I Y R A
B E F Y L A I H E W N K Z I
H G D T O A T V E I N T H R
A T Y L K T Q T V T A O Z A
H E F A U I S Z E K Y T G A
U L R T V L D T R R I S K L
O T T O A A J I E D I C T A
N T L A B O R A T O R I O Ö
E A M M C T E H D A S M B K
I Z S U P E R M A R K E T B
S L Y G S H O T E L L I K R
T D W D V E T O R N I Q N A
O S T A D I O N T Z O R W P
```

HUONEISTO   SAIRAALA
LINNA   HOTELLI
LATO   LABORATORIO
ELOKUVA   MUSEO
LÄHETYSTÖ   SUPERMARKET
KOULU   TEATTERI
STADION   TELTTA
MAATILA   TORNI
TEHDAS

54 - Praia

```
V L K O R R Q I D T T J N Z
T Q A B E A H E V F T K W E
E W U G O P U R J E V E N E
L I R H U U K Z Y O L I G P
A K I R B U J R J N U P E C
K H N P O G N G M J B D B R
K S K S Y Q H I E K K A R A
A I O K Z Y E K R I P B I N
S A A R I U H B I H R T U N
A H U G M N G E I S B E T I
V A L T A M E R I U T S T K
E S I N I N E N J P J G A K
N S A T E E N V A R J O F O
E D K G K S A N D A A L I T
```

HIEKKA	LAGUUNI
SININEN	MERI
VENE	VALTAMERI
RAPU	RIUTTA
RANNIKKO	SANDAALIT
TELAKKA	AURINKO
SATEENVARJO	PYYHE
SAARI	PURJEVENE

55 - Xadrez

```
Y D L Y C D P D M F M Y U K
Z A S T R A T E G I A G H U
K A I K A R K M L W M A R N
T U R N A U S I N I P K A I
V S Ä Ä N N Ö T L W N Q T N
M A M J W B P T O P P I A G
E Z L V A S T U S T A J A A
S R C K Z G P M H A J I S S
T N O U O Y Y R P Q C K L D
A P A S S I I V I N E N Z U
R D I A G O N A A L I N E N
I H A A S T E E T M U S T A
P E L A A J A E N K H V C L
K U N I N G A T A R Z N O F
```

OPPIA	VASTUSTAJA
VALKOINEN	PASSIIVINEN
MESTARI	MUSTA
KILPAILU	KUNINGATAR
HAASTEET	SÄÄNNÖT
DIAGONAALINEN	KUNINGAS
STRATEGIA	UHRATA
PELAAJA	AIKA
PELI	TURNAUS

56 - Aventura

```
K T U R V A L L I S U U S N
A O O D H A B U L O R U L A
U I Y K O H D E O G Y S B V
N M L L W A K W P N S I J I
E I L T A A R S R J T H U G
U N Ä K V S C A D T Ä O E O
S T T R E T K I T O V Z M I
D A T M G E V W O M Ä N Z N
A F Ä E J E V A I K E U S T
I K V M M T Q Z K J A O T I
E P Ä T A V A L L I N E N F
I N N O S T U S C F A J P G
L Z V F L D K Y Y V V P H B
E L O V A A R A L L I N E N
```

ILO
YSTÄVÄ
TOIMINTA
KAUNEUS
HAASTEET
KOHDE
VAIKEUS
INNOSTUS
RETKI

EPÄTAVALLINEN
MATKA
LUONTO
NAVIGOINTI
UUSI
VAARALLINEN
TURVALLISUUS
YLLÄTTÄVÄ

57 - Surf

```
T C U A L A U M V Ä J S O H
L U P N M L R E A Ä O U Ä E
C M U Q P O H S L R U O H Ä
V T Y Y L I E T T I K S K U
L A U D Z T I A A M K I R S
N F T K B T L R M M O T W S
V J I S N E I I E Ä J T N L
S A U F A L J V R I A U T B
U Q A D A I A A I N Z M T M
Y F O H L J G H Q E R U J G
R I U T T A I V V N R B C S
A L L M O O W U N O P E U S
R E D O S L B U Q R A N T A
B M L K M H H S W Z N J H L
```

URHEILIJA	VALTAMERI
MESTARI	AALTO
VAAHTO	SUOSITTU
TYYLI	RANTA
VATSA	ALOITTELIJA
ÄÄRIMMÄINEN	NOPEUS
VAHVUUS	RIUTTA
JOUKKOJA	SÄÄ

58 - Floresta Tropical

```
Y  P  I  L  V  I  T  S  A  M  M  A  L  R
H  U  S  K  P  P  L  V  U  K  Y  J  I  E
T  A  K  C  U  J  U  M  K  U  S  O  N  S
E  F  Z  U  T  T  O  Y  A  E  N  E  T  P
I  L  C  W  E  O  N  O  N  S  L  T  U  E
S  I  N  S  E  K  T  E  R  K  T  P  A  K
Ö  Y  D  I  J  Y  O  R  H  Z  M  O  L  T
L  S  E  L  V  I  Y  T  Y  M  I  N  E  N
H  A  P  S  O  H  V  I  I  D  A  K  K  O
D  O  J  A  R  V  O  K  A  S  Y  R  T  L
E  N  T  I  S  Ö  I  N  T  I  J  W  Z  Y
C  R  P  F  T  N  I  S  Ä  K  K  Ä  Ä  T
S  Ä  I  L  Y  T  T  Ä  M  I  N  E  N  N
N  Y  A  L  Y  F  W  Q  A  M  K  M  S  J
```

ILMASTO	LINTU
YHTEISÖ	SÄILYTTÄMINEN
LAJIT	SUUNTA
INSEKTER	RESPEKT
NISÄKKÄÄT	ENTISÖINTI
SAMMAL	VIIDAKKO
LUONTO	SELVIYTYMINEN
PILVI	ARVOKAS

59 - Cidade

```
L H G S Q S A L O N K I K L
E O V T E A T T E R I E O U
I T E A P M Y S L B R K U F
P E N D A F U C B J J Z L T
O L K I R J A S T O A H U H
M L T O A P T E E K K I P A
O I Q N T J N Y B O A K A V
E L Ä I N T A R H A U L N N
E L O K U V A B R T P I K G
M A R K K I N A D W P N K N
J Z R A V I N T O L A I I V
D F A S U P E R M A R K E T
Y L I O P I S T O Z M K W S
P J U Y G A L L E R I A D L
```

LUFTHAVN
PANKKI
KIRJASTO
ELOKUVA
KLINIKKA
KOULU
STADION
APTEEKKI
GALLERIA
HOTELLI

ELÄINTARHA
KIRJAKAUPPA
MARKKINA
MUSEO
LEIPOMO
RAVINTOLA
SALONKI
SUPERMARKET
TEATTERI
YLIOPISTO

60 - Matemática

```
Y  S  M  N  G  R  M  S  H  P  D  K  B  C
M  U  O  E  E  I  E  Y  A  H  A  N  R  Y
P  O  N  L  O  N  K  M  L  S  U  M  M  A
Ä  R  I  I  M  N  S  M  K  E  H  Ä  U  T
R  A  K  Ö  E  A  P  E  A  P  A  W  J  I
Y  K  U  H  T  K  O  T  I  U  E  M  C  L
S  U  L  J  R  K  N  R  S  E  M  R  V  A
M  L  M  A  I  A  E  I  I  U  S  Z  C  V
I  M  I  E  A  I  N  A  J  S  Ä  D  E  U
T  I  O  W  T  N  T  N  A  H  O  Q  I  U
T  O  P  Y  D  E  T  K  U  L  M  A  T  S
A  S  U  U  N  N  I  K  A  S  G  G  W  E
D  E  S  I  M  A  A  L  I  Z  N  S  E  R
Q  D  K  O  L  M  I  O  Y  H  T  Ä  L  Ö
```

KULMAT	KEHÄ
YMPÄRYSMITTA	MONIKULMIO
DESIMAALI	NELIÖ
HALKAISIJA	SÄDE
YHTÄLÖ	SUORAKULMIO
EKSPONENTTI	SYMMETRIA
JAE	SUMMA
GEOMETRIA	KOLMIO
RINNAKKAINEN	TILAVUUS
SUUNNIKAS	

61 - Natureza

```
A  L  R  L  T  Ä  R  K  E  Ä  R  F  G  G
K  A  U  N  E  U  S  A  A  V  I  K  K  O
S  U  O  J  A  H  J  Ä  Ä  T  I  K  K  Ö
U  H  J  C  G  F  T  V  F  Z  R  H  T  T
M  D  Y  N  A  A  M  I  N  E  N  A  O  R
U  E  Q  L  I  P  U  L  E  K  I  R  K  O
D  S  T  W  S  Z  S  L  C  N  V  K  A  O
S  P  Y  S  A  K  P  I  L  V  I  T  B  P
S  B  G  I  Ä  H  E  R  O  O  S  I  O  P
R  A  U  H  A  L  L  I  N  E  N  N  F  I
V  U  O  R  E  T  E  L  Ä  I  M  E  T  N
M  E  H  I  L  Ä  I  N  E  N  S  N  T  E
M  S  J  O  K  I  P  Y  H  Ä  K  K  Ö  N
U  B  R  T  W  Q  I  G  R  L  F  Y  P  G
```

MEHILÄINEN   JÄÄTIKKÖ
SUOJA   VUORET
ELÄIMET   SUMU
ARKTINEN   PILVI
KAUNEUS   JOKI
AAVIKKO   PYHÄKKÖ
DYNAAMINEN   VILLI
EROOSIO   RAUHALLINEN
METSÄ   TROOPPINEN
LEHTIEN   TÄRKEÄ

62 - Preencher

```
L A A T I K K O K P P P A R
A T E M A T K A L A U K K U
U L E H J Y O M P K L T Z G
K H U A T N L A E E L K K O
K E Y S J N K L Q T O W H I
U W Y V G Y Z J B T G C C L
B Ä M P Ä R I A K I P K S I
D G B G T I C K D N L P F Y
Y R J R I D V K T Q G D E M
T K W E F T O O K A N S I O
K I R J E K U O R I S Y J U
M T N L U O H W G D L K Q U
S F D T A R J O T I N P U P
L Z L D Q I P U R K K I W H
```

ÄMPÄRI	PURKKI
TARJOTIN	MATKALAUKKU
TYNNYRI	ALUS
TASKU	PAKETTI
KORI	KANSIO
KIRJEKUORI	LAUKKU
PULLO	PUTKI
LAATIKKO	MALJAKKO

63 - Animais de Estimação

```
K A N I V V U O H I L P K P
I A U F C J O E I Y I E I A
S Q T I L T P C I K S N L P
S I D T N O Y Q R S K T P U
A Y P F U H Y D I M O U I K
J N K Y T N D Z A H W O K A
C P B I R V G R Y A T Y O I
P E W Q R S L E H M Ä K N J
J J J L W Z T Q L S K A N A
N P P F B V D Ö S T A L A K
K Y N N E T E P E E U A O O
R T V J C U V S O R L Q B I
Q E G A Z D S N I I U Z G R
C T I H M V F H Y Q S V E A
```

VESI
VUOHI
PENTU
PYRSTÖ
KOIRA
KANI
KAULUS
KYNNET
KATTUNGE

KISSA
HAMSTERI
LISKO
HIIRI
PAPUKAIJA
KALA
KILPIKONNA
LEHMÄ

64 - Escalada

```
K A P E A V A H V U U S H V
A F Y Y S I N E N S G D H A
R A S I A N T U N T I J A E
T M T M A Y K H T J L R A L
T I A Z P N Q Ä Z D M Y S L
A Y D A P D M Z S W A M T U
Q O O D A B D V K I G E S
L U O L A B K H Q K N Y E P
R V D L T Q K Q P Y E E T J
V A K A U S I H N P N E E M
I S H K L O O H Z Ä C I W T
Y L K U A D Q K P R A K G Q
K O R K E U S D T Ä D N U I
U T E L I A I S U U S L I A
```

KORKEUS   ASIANTUNTIJA
ILMAINEN   VAKAUS
SAAPPAAT   KAPEA
VAELLUS   FYYSINEN
KYPÄRÄ   VAHVUUS
LUOLA   KÄSINEET
UTELIAISUUS   KARTTA
HAASTEET   MAA

65 - Aviões

```
I  S  H  Y  L  M  O  O  T  T  O  R  I  M
L  R  E  Q  A  G  P  E  K  V  E  T  Y  A
M  I  H  I  S  T  O  R  I  A  R  P  P  T
A  S  L  P  K  N  Y  I  L  L  A  I  D  K
I  Q  Ä  M  U  K  O  Z  E  K  K  L  U  U
N  N  R  Ä  A  N  A  S  B  E  E  O  T  S
E  N  A  V  I  G  O  I  D  A  N  T  A  T
N  I  L  M  A  P  A  L  L  O  T  T  I  A
A  Y  W  I  N  Z  U  T  S  U  A  I  V  J
K  P  C  K  O  R  K  E  U  S  M  N  A  A
N  W  K  F  D  J  H  S  U  A  I  T  S  Y
Y  O  S  W  O  V  T  B  N  F  N  V  Q  M
M  I  E  H  I  S  T  Ö  T  U  E  K  I  V
N  W  P  O  L  T  T  O  A  I  N  E  L  G
```

KORKEUS	SUUNTA
ILMA	VETY
LASKU	HISTORIA
ILMAINEN	MOOTTORI
SEIKKAILU	NAVIGOIDA
ILMAPALLO	MATKUSTAJA
TAIVAS	PILOTTI
POLTTOAINE	SÄÄ
RAKENTAMINEN	MIEHISTÖ

66 - Tipos de Cabelo

```
E  D  S  D  K  K  B  T  Y  O  Z  F  P  K
Q  W  E  W  R  U  S  K  E  A  E  G  E  A
P  J  I  B  D  K  I  H  A  R  A  N  H  L
L  V  H  H  F  N  B  K  U  I  V  A  M  J
V  D  A  K  I  I  L  T  Ä  V  Ä  E  E  U
A  I  R  B  V  O  K  H  O  H  U  T  Ä  W
L  G  P  P  U  N  O  T  T  U  O  F  D  Q
K  I  H  A  R  A  T  N  V  U  N  P  Z  W
O  H  F  C  Q  A  H  S  W  C  D  I  E  V
I  A  A  L  T  O  I  L  E  V  A  T  P  A
N  V  Ä  R  I  L  L  I  N  E  N  K  A  A
E  D  W  V  M  U  S  T  A  P  M  Ä  K  L
N  L  Z  V  H  A  E  K  P  U  N  O  S  E
Q  U  Z  B  V  W  A  R  U  G  M  T  U  A
```

VALKOINEN	PITKÄ
KIILTÄVÄ	RUSKEA
KIHARAT	AALTOILEVA
KALJU	HOPEA
HARMAA	MUSTA
VÄRILLINEN	TERVE
KIHARA	KUIVA
OHUT	PEHMEÄ
PAKSU	PUNOTTU
VAALEA	PUNOS

67 - Formas

```
J  J  P  Q  M  M  K  A  A  R  I  S  R  V
K  O  L  M  I  O  Ä  U  Y  W  E  Z  L  L
H  P  K  A  C  N  Y  M  L  M  A  Q  P  I
Y  Y  A  D  M  I  R  N  H  M  P  D  Q  B
P  R  R  K  S  K  Ä  W  O  D  A  Y  C  T
E  A  T  V  Y  U  R  E  Q  M  T  G  R  Q
R  M  I  R  L  L  A  D  S  M  F  D  G  Ä
B  I  O  U  I  M  U  U  T  O  S  K  S  L
E  D  L  Y  N  I  K  U  U  T  I  O  I  I
L  I  H  U  T  O  C  N  D  I  S  K  D  N
I  J  H  N  E  L  I  Ö  H  S  O  D  E  J
J  S  U  O  R  A  K  U  L  M  I  O  N  A
O  W  P  R  I  S  M  A  Q  M  C  W  R  S
E  L  L  I  P  S  I  Z  A  R  B  G  R  D
```

KAARI	SIDE
KULMA	LINJA
SYLINTERI	SOIKEA
YMPYRÄ	PYRAMIDI
KARTIO	MONIKULMIO
KUUTIO	PRISMA
KÄYRÄ	NELIÖ
ELLIPSI	SUORAKULMIO
HYPERBELI	KOLMIO

68 - Dias e Meses

```
L  T  J  V  U  O  S  I  U  F  Z  M  T  K
C  O  C  E  P  E  R  J  A  N  T  A  I  E
U  R  K  K  U  U  K  A  U  S  I  A  G  S
Y  S  M  A  R  R  A  S  K  U  U  N  D  Ä
O  T  H  L  K  H  J  U  Y  D  H  A  S  K
G  A  E  A  T  U  O  N  W  R  E  N  I  U
R  I  I  U  I  H  U  N  V  W  L  T  U  U
S  B  N  A  I  T  L  U  P  I  M  A  E  Y
Y  A  Ä  N  S  I  U  N  D  W  I  I  L  I
Y  H  K  T  T  K  K  T  U  V  K  K  O  G
S  H  U  A  A  U  U  A  Y  T  U  S  K  F
K  Z  U  I  I  U  U  I  Y  W  U  U  U  O
U  J  E  D  G  T  A  M  M  I  K  U  U  L
U  K  A  L  E  N  T  E  R  I  D  Z  L  F
```

HUHTIKUU	KUUKAUSI
ELOKUU	MARRASKUU
VUOSI	LOKAKUU
KALENTERI	TORSTAI
JOULUKUU	LAUANTAI
SUNNUNTAI	MAANANTAI
HELMIKUU	VIIKKO
TAMMIKUU	SYYSKUU
HEINÄKUU	PERJANTAI
KESÄKUU	TIISTAI

69 - Geografia

```
S  R  Z  J  I  A  U  J  M  P  H  R  D  M
A  G  E  D  C  P  L  K  A  R  T  T  A  E
A  V  U  O  R  I  K  J  A  T  L  A  S  R
R  W  P  O  H  J  O  I  N  E  N  P  P  I
I  L  R  R  N  W  E  J  O  K  I  I  F  D
F  B  P  L  E  V  E  Y  S  A  S  T  E  I
A  H  C  C  G  I  A  P  A  V  L  U  E  A
M  A  A  S  S  A  R  P  K  T  M  U  K  A
F  L  A  S  R  V  Y  S  O  I  A  S  E  N
M  V  A  L  T  A  M  E  R  I  A  A  T  I
E  K  K  A  U  P  U  N  K  I  I  S  E  B
R  U  J  Q  Z  E  K  Z  E  C  L  T  L  N
I  L  Ä  N  S  I  T  V  U  Z  M  E  Ä  N
V  E  I  M  E  M  O  P  S  Z  A  E  R  T
```

KORKEUS	MERIDIAANI
ATLAS	VUORI
KAUPUNKI	MAAILMA
MAANOSA	POHJOINEN
HALVKULE	VALTAMERI
SAARI	LÄNSI
LEVEYSASTE	MAASSA
PITUUSASTE	ALUE
KARTTA	JOKI
MERI	ETELÄ

70 - Antártica

```
S  Ä  I  L  Y  T  T  Ä  M  I  N  E  N  Y
L  M  H  T  V  C  E  T  C  M  M  E  I  M
S  A  A  R  E  T  U  I  P  I  O  M  E  P
L  A  H  N  S  V  V  E  I  N  W  A  M  Ä
Ä  N  J  T  I  V  J  T  N  E  R  A  I  R
M  O  Y  Ä  I  T  G  E  G  R  E  N  M  I
P  S  I  A  Ä  C  I  E  V  A  T  T  A  S
Ö  A  P  N  V  N  S  L  I  A  K  I  A  T
T  Y  T  Z  W  V  B  L  I  L  I  E  V  Ö
I  Q  U  Z  S  C  R  I  N  I  K  D  A  E
L  K  I  V  I  N  E  N  I  S  U  E  L  U
A  U  E  C  G  F  E  E  T  M  N  H  A  P
M  U  U  T  T  O  R  N  A  Q  T  R  S  H
T  U  T  K  I  J  A  B  Z  V  A  V  D  U
```

YMPÄRISTÖ	MAANTIEDE
VESI	SAARET
LAHTI	TUTKIJA
VALAS	MUUTTO
TIETEELLINEN	MINERAALI
SÄILYTTÄMINEN	NIEMIMAA
MAANOSA	PINGVIINIT
RETKIKUNTA	KIVINEN
ISBREER	LÄMPÖTILA
JÄÄN	

71 - Flores

```
T P P T M A G N O L I A N K
U L V E C P H B G I I P A I
L U O R L I I L A R P I B M
P M I Ä A O B I R R G L C P
P E K L V N I L D U L A M P
A R U E E I S J E O U I R U
A I K H N F C A N R L S G D
N A K T T F U C I K H H U B
I E A I E Z S J A I K V C S
I W S Q L V V E M D L L E H
J A S M I I N I Y E S B W D
N U N I K K O W U A E D R Z
P Ä I V Ä N K A K K A R A L
A U R I N G O N K U K K A M
```

KIMPPU
VOIKUKKA
GARDENIA
AURINGONKUKKA
HIBISCUS
JASMIINI
LAVENTELI
LIILA
LILJA
MAGNOLIA

PÄIVÄNKAKKARA
ORKIDEA
UNIKKO
PIONI
TERÄLEHTI
PLUMERIA
RUUSU
APILA
TULPPAANI

72 - Fazenda #1

```
L E G J M M V K O I R A Q B
D E G E N A A V P A R V I K
O D H O E A R R A A I T A I
Y K H M Q T I I Y S S F L S
D C I L Ä A S I M I I V Q S
A H H N V L B S E J C K U A
V P E F H O N I H E M E K U
E U V H J U Q I I M C N A A
S E O O H S Y P L Z F T N L
I L N H O I K P Ä B I T A B
T S E W I K N N I I O Ä J P
H U N A J A V I N H Q O E I
L A N N O I T E E H E I N Ä
V G Y F U V F V N Q E T D D
```

MEHILÄINEN   AITA
MAATALOUS   VARIS
RIISI   HEINÄ
VESI   LANNOITE
VASIKKA   KANA
AASI   KISSA
VUOHI   HUNAJA
KENTTÄ   SIKA
HEVONEN   PARVI
KOIRA   LEHMÄ

73 - Livros

```
T O S T E K I J Ä Y J K R C
R N E A E E K B C T U T U F
A K I R P K F O L R K S N U
A O K I P S A R J A E A O B
G K K N I E P G U Y R N U W
I O A A N L B W Z N T A S E
N E I G E I W B K T O T K A
E L L S N Ä L U K I J A R M
N M U A T S R O M A A N I E
K A K S I N A I S U U S F R
Q L D S S I V U P S R W T K
K O N T E K S T I V F C L K
M T Z F I I M K K B O R I I
R E L E V A A N T I A G G B
```

TEKIJÄ   KERTOJA
SEIKKAILU   SANAT
KOKOELMA   SIVU
KONTEKSTI   MERKKI
KAKSINAISUUS   RUNO
SKRIFTLIG   RUNOUS
EEPPINEN   RELEVAANTIA
TARINA   ROMAANI
KEKSELIÄS   SARJA
LUKIJA   TRAAGINEN

74 - Chocolate

```
E  M  A  A  P  Ä  H  K  I  N  Ä  T  K  A
K  O  K  O  S  N  Ø  T  T  Q  O  C  A  R
S  A  K  A  A  K  A  O  R  Y  U  J  R  T
O  R  L  W  Z  R  P  L  A  K  Y  A  A  I
T  G  S  O  K  E  R  I  A  T  P  U  M  S
I  M  S  Q  R  C  B  E  J  A  G  H  E  A
S  I  A  N  E  I  D  S  H  A  T  E  L  N
K  D  N  K  A  R  O  M  I  I  I  U  L  A
F  C  N  J  U  O  D  R  L  N  Q  G  I  L
Z  R  E  S  E  P  T  I  M  E  J  Y  E  A
K  A  T  K  E  R  A  R  A  S  Y  Ö  D  Ä
I  U  A  J  B  N  S  N  K  O  W  G  V  A
S  U  O  S  I  K  K  I  E  S  D  K  A  Y
M  I  S  E  M  N  C  B  A  A  S  H  B  I
```

SOKERI	SYÖDÄ
KATKERA	MAKEA
MAAPÄHKINÄT	EKSOTISK
AROMI	SUOSIKKI
ARTISANAL	MAKU
KAAKAO	AINESOSA
KALORI	JAUHE
KARAMELLI	LAATU
KOKOSNØTT	RESEPTI

75 - Profissões #2

```
T O I M I T T A J A P A E Q
T T D F I L O S O F I S T A
P O L I I T I K K O L T S I
K U S T A N T A J A O R I V
E B V U P F K F Q Q T O V I
K I B T I U O W U O T N Ä L
S O I K I R U R G I I A I J
I L N I U A A T U P P U O E
J O L J T F Y N A K L T W L
Ä G P A L Ä Ä K Ä R I T H I
W I N S I N Ö Ö R I H I U J
V A L O K U V A A J A U Q Ä
C K T A I D E M A A L A R I
K U V I T T A J A V M J O I
```

VILJELIJÄ
ASTRONAUTTI
BIOLOGI
KIRURGI
ETSIVÄ
KUSTANTAJA
INSINÖÖRI
FILOSOFI
VALOKUVAAJA

KUVITTAJA
KEKSIJÄ
TUTKIJA
PUUTARHURI
TOIMITTAJA
LÄÄKÄRI
PILOTTI
TAIDEMAALARI
POLIITIKKO

76 - Fazenda #2

```
V I H A N N E S R M O J E M
I E M F A Z T P K J S S L E
L R H R C V Y L Z O F Z Ä H
J L E N C T R A K T O R I I
E A D M Ä O H R A Y P Q M L
L T E A L M K R Y R P M E Ä
I O L I A A A E S N T S T I
J K M T A I R F F T S K Ä S
Ä A Ä O M S I N I I T T Y P
J S T A A S T C C E Z I R E
N T A K N I S P A I M E N S
D E R D K K A L A M M A S Ä
E L H W I K K H E D E L M Ä
P U A M L J J A D N S M Q P
```

VILJELIJÄ
ELÄIMET
LATO
OHRA
MEHILÄISPESÄ
KARITSA
HEDELMÄ
KASTELU
MAITO
LAAMA

KYPSÄ
MAISSI
LAMMAS
PAIMEN
ANKKA
HEDELMÄTARHA
NIITTY
TRAKTORI
VEHNÄ
VIHANNES

77 - Jardim

```
R  N  U  R  M  I  K  K  O  Z  P  L  A  I
U  W  T  G  B  C  A  Q  F  R  E  Q  E  Z
U  N  R  P  R  R  J  Y  J  A  N  L  N  T
L  M  A  W  C  E  H  L  Y  K  K  N  P  C
A  A  M  U  U  I  S  E  P  E  K  I  H  N
M  A  P  U  U  T  F  S  U  A  I  V  P  T
P  P  O  I  D  O  E  P  U  S  K  A  Z  B
I  E  L  W  O  A  R  R  T  L  E  T  K  U
F  R  I  I  P  P  U  M  A  T  T  O  C  W
W  Ä  I  U  G  K  O  A  R  S  N  G  C  A
L  T  N  Y  L  K  H  F  H  B  S  N  I  U
C  T  I  A  U  T  O  T  A  L  L  I  V  G
H  E  D  E  L  M  Ä  T  A  R  H  A  C  M
K  U  K  K  A  I  T  A  K  U  I  S  T  I
```

RAKE	PUUTARHA
PUSKA	LAMPI
PUU	RIIPPUMATTO
PENKKI	LETKU
AITA	LAPIO
UGRESS	HEDELMÄTARHA
KUKKA	MAAPERÄ
AUTOTALLI	TERASSI
RUOHO	TRAMPOLIINI
NURMIKKO	KUISTI

78 - Oceano

```
N K K R S M V A L A S V P T
Y I O Y H V U N E R O E L I
Y L R T H Z W S C U K N R D
M P A N U J O I T G A E A E
Y I L F B N W E V E T W P V
R K L K U Z F N A W K U U A
S O I D L O P I U D A A E N
K N N F P W M H S Z R N L N
Y N A O K G Q A I K A K T A
A A O S U M M I N D V E S V
B N D T L E V Ä T E U R U M
L S D E L F I I N I T I O C
M W W R I F U U K A L A L J
B H C I R I U T T A O S A J
```

LEVÄT	TIDEVANN
TUNFISK	MANET
VALAS	OSTERI
VENE	KALA
KATKARAVUT	MUSTEKALA
RAPU	RIUTTA
KORALLI	SUOLA
ANKERIAS	KILPIKONNA
SIENI	MYRSKY
DELFIINI	HAI

79 - Profissões #1

```
M  R  Ä  Ä  T  Ä  L  Ö  I  D  Ä  I  K  P
M  E  U  R  H  E  I  L  I  J  A  J  A  S
M  G  T  P  A  N  K  K  I  I  R  I  R  Y
H  E  A  S  I  A  N  A  J  A  J  A  T  K
O  O  R  P  Ä  T  D  V  O  L  T  Z  O  O
I  L  B  I  C  S  M  M  O  M  A  Q  G  L
T  O  J  W  M  Z  T  U  S  W  I  D  R  O
A  G  R  Z  Z  I  L  Ä  U  K  T  Z  A  G
J  I  T  L  O  B  E  R  J  S  E  L  F  I
A  Y  I  V  O  P  O  S  T  Ä  I  Y  I  E
T  A  N  S  S  I  J  A  J  D  L  K  A  W
P  I  A  N  I  S  T  I  R  I  I  U  K  Z
P  U  T  K  I  M  I  E  S  R  J  G  R  O
R  E  D  A  K  T  Ø  R  I  G  A  Y  Q  E
```

ASIANAJAJA	REDAKTØR
RÄÄTÄLÖIDÄ	PUTKIMIES
TAITEILIJA	HOITAJA
URHEILIJA	GEOLOGI
PANKKIIRI	MERIMIES
METSÄSTÄJÄ	MUUSIKKO
KARTOGRAFI	PIANISTI
TANSSIJA	PSYKOLOGI

80 - Campeonato

```
P  V  C  T  S  L  W  D  H  J  O  R  M  V
E  A  E  H  T  I  I  M  I  J  K  I  O  O
L  L  Z  H  R  I  D  D  S  E  E  M  T  I
I  M  H  F  A  G  F  H  Y  Z  S  E  I  T
T  E  M  I  T  A  L  I  P  L  T  S  V  T
U  N  E  N  E  S  I  T  Y  S  Ä  T  A  O
O  T  S  A  G  E  U  I  D  A  V  A  A  P
M  A  T  L  I  L  S  R  S  G  Y  R  T  T
A  J  A  I  A  Y  A  J  H  F  Y  U  I  U
R  A  R  S  L  C  B  P  C  E  S  U  O  R
I  V  I  T  Q  P  T  L  G  Q  I  S  E  N
W  H  O  I  U  L  I  H  N  C  D  L  P  A
C  M  I  G  L  S  Q  S  J  D  J  K  U  U
O  K  R  E  P  C  E  V  E  A  J  U  J  S
```

MESTARI	TUOMARI
MESTARUUS	LIIGA
ESITYS	MITALI
TIIMI	MOTIVAATIO
URHEILU	KESTÄVYYS
STRATEGIA	TURNAUS
FINALISTI	VALMENTAJA
PELIT	VOITTO

81 - Castelos

```
L O H I K Ä Ä R M E L K R K
K H C W K S E I N Ä K O I A
R R A H E V O N E N I N T T
U P R I N S E S S A L G A A
U H D G O M Q C Q I P E R P
N C W E P R I N S S I R I U
U F Ø Y D A L H L Z U I Y L
E E Z N Y H L M I E K K A T
M P P A N S S A R I B E Q T
P Q K U A F Z I T H I G T I
I D A B S W M C W S S P A K
R U M Z T T O R N I I H O S
E V R L I N N O I T U S C L
G W G O A D G R J A L O O Q
```

PANSSARI
KATAPULTTI
RITARI
HEVONEN
KRUUNU
DYNASTIA
LOHIKÄÄRME
KILPI
MIEKKA
FØYDAL

LINNOITUS
EMPIRE
JALO
PALATSI
SEINÄ
PRINSESSA
PRINSSI
KONGERIKE
TORNI

82 - Escola # 2

```
B R H C O P E T T A J A A Z
G T E K A L E N T E R I K W
Q A M P C C P L E U T L A T
G R W E P B A Y I V O K T N
K V B U Z U P I K T I I E L
K I K Q L C E J I M E E U
O K R D T W R Y R E I L M K
U K P J D C I K J D N I I E
L E Y Q A M V Y A E T O N M
U E H S N S Q N T C A P E I
T T D Z V W T Ä F R C P N N
U T I E T O K O N E F I N E
S M A T E M A T I I K K A N
K I R J A L L I S U U S V J
```

AKATEEMINEN
TOIMINTA
KIRJASTO
KALENTERI
TIEDE
TIETOKONE
KOULUTUS
KIELIOPPI
PELIT

LYIJYKYNÄ
LUKEMINEN
KIRJALLISUUS
KIRJAT
MATEMATIIKKA
REPPU
PAPERI
OPETTAJA
TARVIKKEET

83 - Abelhas

```
W L H F F K P U U T A R H A
C K C N G U U P C W H A W K
H M I J P K S K O F Y K L U
N S S B S A V W K G Ö B G N
M Z Z G E T I Z R A D T D I
K A S V I T H K Y Z Y D H N
S P I D F C H E D E L M Ä G
V A I J B P U A U D L F R A
H R V F K W N M J F I D C T
B V E U E A A H U F N H W A
F I T F U O J Z B M E I P R
R G U H Y Y A C R B N N G D
S I I T E P Ö L Y P E S Ä A
F I Q K P A R A F I I N I Q
```

SIIVET	HEDELMÄ
HYÖDYLLINEN	SAVU
PARAFIINI	PUUTARHA
PESÄ	HUNAJA
PARVI	KASVIT
KUKKA	SIITEPÖLY
KUKAT	KUNINGATAR

84 - Banheiro

```
K L V U M B H N S V H V M L
K K K O E F E J A A Y A V S
C G F L I S C Q K N K U N H
O Q H D P D C P S F E K W A
C Q N I A H E E Z P M N M
W H G U P M C I T F S A C P
E N G M V V E L Y U M T S O
L R F V E S I I B C C T N O
H Ö Y R Y K U P L I A O W C
S A I P P U A I S I E N I P
Y G J G Y T R Q H D G G U Y
H A J U V E S I O K Y L P Y
R C N W D Z J H L F U Q P H
M U G A V J O J O I A K I E
```

VESI	HAJUVESI
WC	SAIPPUA
KYLPY	MATTO
KUPLIA	SAKSET
SUIHKU	PYYHE
PEILI	HANA
SIENI	HÖYRY
VOIDE	SHAMPOO

85 - Ciência

```
S  I  M  O  L  E  K  Y  Y  L  I  F  C  M
M  L  A  B  O  R  A  T  O  R  I  O  Y  I
E  M  E  V  O  L  U  U  T  I  O  N  L  J
N  A  T  O  M  I  H  K  V  S  B  P  Z  N
E  S  U  F  F  H  Y  A  J  A  V  U  F  H
T  T  N  V  S  A  P  S  A  D  F  H  Y  I
E  O  P  A  I  N  O  V  O  I  M  A  S  U
L  U  O  N  T  O  T  I  D  V  P  V  I  K
M  W  A  L  Z  L  E  T  H  B  B  A  I  S
Ä  K  T  I  E  D  E  M  I  E  S  I  K  E
O  R  G  A  N  I  S  M  I  E  L  N  K  T
T  O  S  I  A  S  I  A  L  U  D  T  A  V
M  I  N  E  R  A  A  L  I  G  B  O  Q  B
F  O  S  S  I  I  L  I  R  K  B  W  T  O
```

ATOMI
TIEDEMIES
ILMASTO
TIEDOT
EVOLUUTIO
TOSIASIA
FYSIIKKA
FOSSIILI
PAINOVOIMA
HYPOTEESI

LABORATORIO
MENETELMÄ
MINERAALI
MOLEKYYLI
LUONTO
HAVAINTO
ORGANISMI
HIUKSET
KASVIT

86 - Cores

```
P  B  F  S  M  H  B  C  H  K  U  E  W  A
P  M  P  E  I  U  M  A  G  E  N  T  A  F
P  P  Z  U  V  N  S  S  Z  L  P  G  J  U
B  R  E  C  A  Z  I  T  K  T  U  N  N  K
L  I  S  S  L  M  A  N  A  A  N  O  E  S
R  F  T  F  K  C  O  K  E  I  A  G  G  I
U  R  Y  O  O  H  R  M  Q  N  I  D  B  A
S  E  E  P  I  A  A  I  I  E  N  V  M  W
K  Z  O  A  N  R  N  G  M  N  E  Q  B  A
E  C  D  H  E  M  S  A  U  S  N  B  P  I
A  C  R  F  N  A  S  S  O  Q  O  S  R  Q
B  E  I  G  E  A  I  S  Y  A  A  N  I  Y
A  D  E  R  E  V  I  H  R  E  Ä  R  U  K
V  I  O  L  E  T  T  I  U  A  N  F  I  J
```

KELTAINEN	ORANSSI
SININEN	MAGENTA
BEIGE	RUSKEA
VALKOINEN	MUSTA
CRIMSON	VIOLETTI
SYAANI	SEEPIA
HARMAA	VIHREÄ
FUKSIA	PUNAINEN

87 - Comida #1

```
K  P  F  T  I  O  M  M  S  S  R  D  T  K
Y  I  S  U  P  P  E  A  A  I  B  M  J  P
V  N  I  N  O  H  H  N  L  T  C  W  A  Q
P  A  P  F  P  N  U  S  A  R  F  V  M  S
N  A  U  I  D  G  S  I  A  U  I  H  G  O
Y  T  L  S  K  B  M  K  T  U  R  I  B  K
P  T  I  K  F  R  M  K  T  N  G  I  A  E
Y  I  S  U  O  L  A  A  I  A  F  K  S  R
V  A  L  K  O  S  I  P  U  L  I  A  I  I
O  J  A  P  R  I  K  O  O  S  I  N  L  Q
O  H  B  D  M  H  H  A  N  C  I  E  I  H
P  O  R  K  K  A  N  A  K  C  S  L  K  P
S  C  O  A  M  A  I  T  O  K  N  I  A  Y
M  A  A  P  Ä  H  K  I  N  Ä  U  V  S  L
```

SOKERI	PINAATTI
VALKOSIPULI	MAITO
MAAPÄHKINÄ	SITRUUNA
TUNFISK	BASILIKA
KAKKU	MANSIKKA
KANELI	NAURIS
SIPULI	SUOLA
PORKKANA	SALAATTI
OHRA	SUPPE
APRIKOOSI	MEHU

88 - Pássaros

```
K U U B F L V A R P U N E N
M Ä H K N O C J K A P H A K
H P K O T K A W O T B A L D
K E K I T K A N A U P F J L
Y L N H A I K A R A T U E O
Y I P A P U K A I J A S G P
H K A N A R I F U G L T E I
K A G H A P I K U B K R T N
Y A N I S M F C G D M U U G
N N J K C U M E P A J T C V
E I D S K N G B B T U S W I
N M Q G V A R I S T I I S I
R I I K I N K U K K O L K N
F L A M I N G O T J S A S I
```

STRUTSI	HANHI
KOTKA	MUNA
KANARIFUGL	PAPUKAIJA
HAIKARA	VARPUNEN
JOUTSEN	ANKKA
VARIS	RIIKINKUKKO
KÄKI	PELIKAANI
FLAMINGO	PINGVIINI
KANA	KYYHKYNEN
LOKKI	

89 - Virtudes #1

```
P  H  I  N  T  O  H  I  M  O  I  N  E  N
U  A  V  I  I  S  A  S  P  L  G  E  P  H
H  U  T  A  I  T  E  E  L  L  I  N  E  N
D  S  M  A  A  S  W  H  S  T  R  C  T  U
A  K  H  N  K  T  Ä  L  Y  K  Ä  S  E  T
S  A  Y  T  R  P  I  F  T  A  Z  U  H  E
B  V  V  E  Z  Q  A  M  Z  P  G  R  O  L
Z  T  Ä  L  C  T  Y  K  A  O  K  M  K  I
V  R  I  I  P  P  U  M  A  T  O  N  A  A
A  Q  M  A  U  V  S  R  J  I  O  L  S  S
G  M  S  S  D  G  H  W  Y  L  F  N  F  V
R  A  T  K  A  I  S  E  V  A  G  E  A  A
P  R  A  K  T  I  S  K  V  S  D  S  D  R
V  I  E  H  Ä  T  T  Ä  V  Ä  S  T  O  N
```

INTOHIMOINEN	ANTELIAS
TAITEELLINEN	RIIPPUMATON
HYVÄ	ÄLYKÄS
UTELIAS	PUHDAS
RATKAISEVA	VAATIMATON
TEHOKAS	POTILAS
VIEHÄTTÄVÄ	PRAKTISK
HAUSKA	VIISAS

90 - Literatura

```
E  L  Ä  M  Ä  K  E  R  T  A  T  K  M  A
J  G  L  O  P  P  U  S  O  I  N  T  U  N
K  E  R  T  O  J  A  V  A  U  P  E  L  A
U  E  U  Y  A  P  P  Z  A  P  N  K  A  L
B  N  N  Y  U  K  Ä  K  L  U  A  I  U  Y
E  S  O  L  U  R  Y  Ä  T  Q  S  J  S  Y
T  A  E  I  V  T  R  M  T  U  M  Ä  U  S
D  E  L  Z  V  S  J  E  Q  E  Q  R  N  I
A  N  E  K  D  O  O  T  T  I  L  O  T  O
R  Y  T  M  I  G  I  A  I  L  R  M  O  D
N  L  G  F  A  B  Q  F  L  A  J  A  Ä  V
L  G  E  Q  L  Y  C  O  R  H  O  A  T  U
D  Z  J  Y  O  C  E  R  V  P  K  N  L  E
V  R  C  W  G  A  N  A  L  O  G  I  A  H
```

ANALOGIA	METAFORA
ANALYYSI	KERTOJA
ANEKDOOTTI	LAUSUNTO
TEKIJÄ	RUNO
ELÄMÄKERTA	LOPPUSOINTU
PÄÄTELMÄ	RYTMI
KUVAUS	ROMAANI
DIALOG	TEEMA
TYYLI	

91 - Clima

```
J  Q  U  I  L  M  A  S  T  O  Z  T  P  T
V  R  Z  L  L  S  A  L  A  M  A  A  O  O
T  W  Q  Q  Ä  M  B  T  U  U  L  I  L  R
P  I  L  V  I  M  A  B  J  K  W  V  A  N
Z  T  R  O  O  P  P  I  N  E  N  A  R  A
J  Z  Z  P  F  T  O  Ö  N  W  R  S  E  D
Y  C  Z  A  Q  R  A  R  T  E  G  S  U  O
M  O  N  S  U  U  N  I  D  I  N  N  Q  U
W  Q  E  H  K  U  I  V  A  S  L  F  S  K
K  U  I  V  U  U  S  V  V  I  Y  A  U  K
H  U  R  R  I  K  A  A  N  I  P  J  M  O
M  Y  R  S  K  Y  A  F  M  O  W  Ä  U  N
R  A  U  H  A  L  L  I  N  E  N  Ä  S  E
S  A  T  E  E  N  K  A  A  R  I  N  W  N
```

SATEENKAARI	POLAR
ILMAINEN	SALAMA
RAUHALLINEN	KUIVUUS
TAIVAS	KUIVA
ILMASTO	LÄMPÖTILA
HURRIKAANI	MYRSKY
JÄÄN	TORNADO
MONSUUNI	TROOPPINEN
SUMU	UKKONEN
PILVI	TUULI

92 - Tecnologia

```
T  I  I  T  Z  F  V  T  U  V  Z  I  O  T
J  I  N  B  L  O  G  I  L  Q  N  Z  H  U
T  T  E  T  J  H  O  E  E  C  Ä  D  J  R
I  A  F  T  E  D  C  D  D  S  Y  I  E  V
E  V  O  I  R  D  O  U  D  T  G  L  A
D  U  N  L  L  K  N  T  J  R  T  I  M  L
O  A  T  A  P  Q  O  E  V  Y  Ö  T  I  L
S  S  T  S  F  I  C  N  T  M  Y  A  S  I
T  E  I  T  G  K  A  M  E  R  A  A  T  S
O  L  C  O  K  U  R  S  O  R  I  L  O  U
K  A  Z  T  V  I  R  U  S  R  Z  I  A  U
I  I  T  U  T  K  I  M  U  S  R  N  E  S
S  N  C  Z  Q  K  A  I  N  G  D  E  I  K
R  O  V  I  R  T  U  A  A  L  I  N  E  N
```

TIEDOSTO	INTERNET
BLOGI	VIESTI
TAVUA	SELAIN
KAMERA	TUTKIMUS
TIETOKONE	TURVALLISUUS
KURSORI	OHJELMISTO
TIEDOT	NÄYTTÖ
DIGITAALINEN	VIRTUAALINEN
TILASTOT	VIRUS
FONTTI	

93 - Arte

```
M M V M L Q L R T T G K L L
E M I E L I A L A M R E A U
I N S P I R E R T M E R L O
L N W C N S M D D L H A K D
M E L Q L R T C A V E A U A
A E Q K O B W O F H L M P I
I S Y M B O L I S D L I E H
S U R R E A L I S M I N R E
U Z K U V A T A O C N E Ä T
W C O E N A T E O J E N I E
V N L Y S O U K M N N F N V
Z M O N I M U T K A I N E N
U T I G C I L S R C Y V N L
V G K O O S T U M U S Z N C
```

KERAAMINEN
MONIMUTKAINEN
KOOSTUMUS
LUODA
VEISTOS
ILMAISU
REHELLINEN
MIELIALA

INSPIRERT
ALKUPERÄINEN
RUNOUS
KUVATA
SYMBOLI
AIHE
SURREALISMI

94 - Dinossauros

```
S U U R I O I B K J C M A C
A L L C C E W A S F E V L K
A T U T F V O I M A K A S A
L N H D I O V K C I O L S S
I W S H P L S M A A K T I V
S M H Ä F U G S Q L O A I I
L A J I T U R I I I D V V N
P M O J H T E Q N I I A E S
Y M B Y N I U A D J L M T Y
R U T Z M O U B B D W I M Ö
S T L I H A N S Y Ö J Ä T J
T T R A P T O R U T Q L I Ä
Ö I K A T O A M I N E N Z L
M A T E L I J A C Q V Z Z Q
```

SIIVET
LIHANSYÖJÄ
PYRSTÖ
KATOAMINEN
VALTAVA
LAJIT
EVOLUUTIO
FOSSIILIT
SUURI

KASVINSYÖJÄ
MAMMUTTI
VOIMAKAS
SAALIS
RAPTOR
MATELIJA
KOKO
MAA
HÄIJY

95 - Esportes

```
A U Z W D Q P T I A Y F T F
S T A D I O N E U V H B C A
B A S E B A L L L O B H A J
K U P T M Y V I D I M V K Ä
O R E I E C H I T T V A Z Ä
R H L I S N F K T T O L R K
I E A M T V N E S A I M Z I
P I A I A K M I Y J M E O E
A L J S R C L T S A I N R K
L I A L U G O L F O S T R K
L J I A U W H P F J T A E O
O A B O S B V C H C E J D O
P O L K U P Y Ö R Ä L A P A
K U N T O S A L I A U C M R
```

URHEILIJA	KUNTOSALI
TUOMARI	VOIMISTELU
KORIPALLO	GOLF
BASEBALL	JÄÄKIEKKO
POLKUPYÖRÄ	PELAAJA
MESTARUUS	PELI
TIIMI	LIIKE
STADION	TENNIS
VOITTAJA	VALMENTAJA

96 - Comida # 2

```
T O M A A T T I J U U S T O
K O F K A L A O O M E N A M
I I C I L T C V G A U S R U
R Z B I P W Q E U I U U T N
S E R V D U P H R I I S I A
I C P I A M A N T E L I S K
K J L D A U R Ä T L P N O O
K A T A K N S S I Z O Y K I
A S U K L A A K I E I H K S
R Y P Ä L E K V I E Y M A O
E S J T Y G A A P N N C N P
A B B B A N A A N I K I O Y
E S T T A D L L P A D K L N
S Z T K I I I L N F G D U D
```

ARTISOKKA	JOGURTTI
MANTELI	KIIVI
RIISI	OMENA
BANAANI	MUNA
MUNAKOISO	KALA
PARSAKAALI	KINKKU
KIRSIKKA	JUUSTO
SUKLAA	TOMAATTI
SIENI	VEHNÄ
KANA	RYPÄLE

97 - Barcos

```
K V P U R J E V E N E M M K
T A V Z F Ä F H M J O K I N
E L J N O R M E R I M I E S
L T V A M V K Ö Y S I D H G
A A U B K I A Y V N O S I Q
K M O L P K P Q P C F N S B
K E R J O A N K K U R I T V
A R O P I A J Y C J A H Ö V
M I V H J L A U T T A E R C
S M E O U D H L A W H H Q N
T E S M A S T O T W M F T N
Z R I S S J K A N O O T T I
W I E M O O T T O R I G L J
P E L A S T U S V E N E J U
```

ANKKURI	MERI
LAUTTA	VUOROVESI
PELASTUSVENE	MERIMIES
POIJU	MASTO
KAJAKK	MOOTTORI
KANOOTTI	VALTAMERI
KÖYSI	AALTO
TELAKKA	JOKI
JAHTI	MIEHISTÖ
JÄRVI	PURJEVENE

98 - Piratas

```
Z  K  A  R  T  T  A  T  Y  A  K  K  N  L
Z  Z  O  O  O  S  A  A  R  I  M  G  Y  U
V  H  U  L  F  E  R  P  N  E  V  R  R  O
A  U  S  M  I  I  R  K  V  R  S  Y  Q  L
A  Y  F  I  H  K  E  H  A  P  A  I  P  A
R  D  E  E  U  K  O  Z  L  A  K  N  C  G
A  R  V  H  O  A  M  T  T  P  U  K  T  U
A  R  P  I  N  I  I  S  A  U  L  O  A  A
N  O  M  S  O  L  E  G  M  K  T  M  L  F
K  M  F  T  F  U  K  T  E  A  A  P  J  I
K  M  V  Ö  P  R  K  S  R  I  O  A  Y  T
U  I  F  R  W  A  A  C  I  J  E  S  O  T
R  K  A  P  T  E  E  N  I  A  Q  S  C  Y
I  L  Q  L  E  G  E  N  D  A  Y  I  W  Z
```

SEIKKAILU	HUONO
ANKKURI	KOLIKOT
KOMPASSI	VALTAMERI
KAPTEENI	KULTA
LUOLA	PAPUKAIJA
ARPI	VAARA
MIEKKA	RANTA
SAARI	ROMMI
LEGENDA	AARRE
KARTTA	MIEHISTÖ

99 - Mamíferos

```
V  Z  C  K  A  M  E  L  I  S  H  K  Y  P
F  Q  W  I  I  M  U  Q  J  U  F  E  H  A
F  I  I  S  D  R  T  I  H  S  L  T  Ä  N
V  U  K  S  V  E  A  I  G  I  A  T  R  T
L  S  A  A  F  I  L  H  J  Y  M  U  K  T
K  E  N  G  U  R  U  F  V  T  M  T  Ä  E
O  E  I  V  A  L  A  S  I  I  A  R  T  R
J  P  A  J  W  F  E  U  I  I  S  G  D  I
O  R  P  T  O  N  O  R  S  U  N  H  D  W
O  A  T  U  A  N  N  Q  K  A  P  I  N  A
T  C  E  O  U  Q  A  G  O  R  I  L  L  A
T  H  E  V  O  N  E  N  K  O  I  R  A  B
I  Z  F  U  Q  C  Z  I  N  Q  U  Z  Q  Y
R  Z  B  Z  A  U  J  K  E  F  V  U  S  O
```

VALAS	DELFIINI
KAMELI	GORILLA
KENGURU	LEIJONA
HEVONEN	SUSI
KOIRA	APINA
KANI	LAMMAS
KOJOOTTI	PANTTERI
NORSU	KETTU
KISSA	HÄRKÄ
KIRAHVI	SEEPRA

100 - Atividades e Lazer

```
F  D  G  U  C  E  I  L  N  K  R  S  M  M
M  T  G  C  K  L  I  A  Y  O  E  U  K  A
C  A  M  P  I  N  G  I  R  R  N  K  W  T
V  B  A  A  L  W  O  N  K  I  T  E  J  K
H  A  U  L  P  G  L  E  K  P  O  L  A  U
Y  S  E  M  A  G  F  L  E  A  U  L  L  S
I  E  Q  L  F  U  F  A  I  L  T  U  K  T
Y  B  O  M  L  L  S  U  L  L  T  S  A  A
I  A  J  E  A  U  J  T  Y  O  A  R  P  A
D  L  M  P  E  V  S  A  A  W  V  G  A  M
N  L  H  H  U  F  T  I  L  I  A  F  L  O
T  E  N  N  I  S  A  L  Z  H  D  K  L  C
U  E  L  K  M  O  Z  U  D  M  D  E  O  H
H  A  R  R  A  S  T  U  K  S  E  T  M  I
```

CAMPING	HARRASTUKSET
TAIDE	SUKELLUS
KORIPALLO	UIMA
BASEBALL	MAALAUS
NYRKKEILY	RENTOUTTAVA
VAELLUS	LAINELAUTAILU
KILPA	TENNIS
JALKAPALLO	MATKUSTAA
GOLF	

1 - Dirigindo

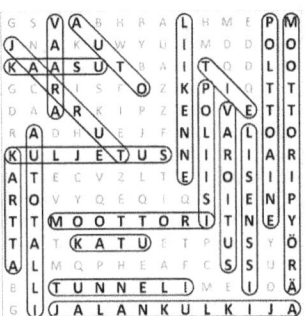

2 - Atividades

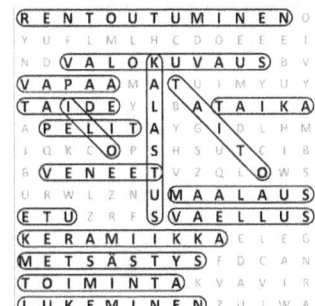

3 - Churrascos

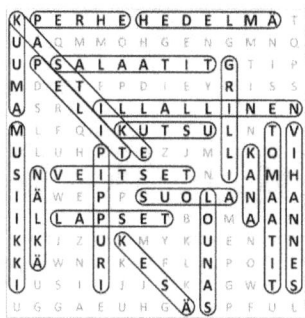

4 - Pesca

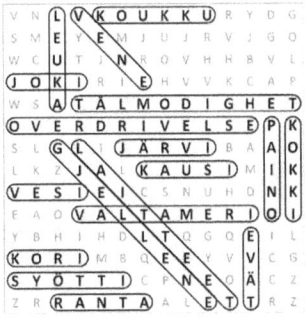

5 - Geologia

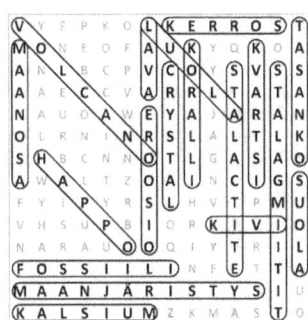

6 - Móveis

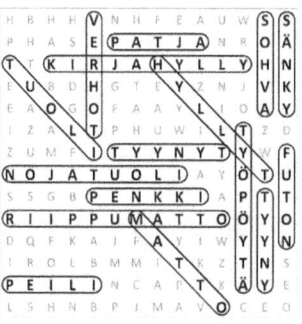

7 - Tempo

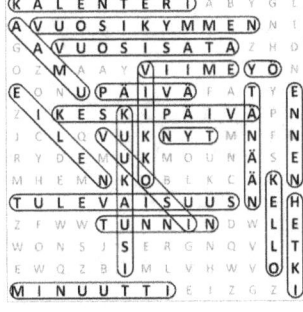

8 - Astronomia

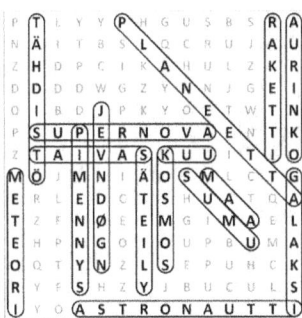

9 - Circo

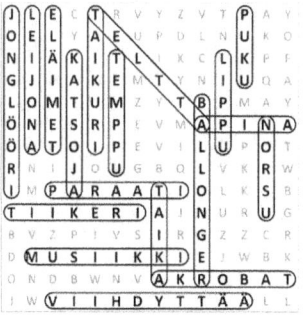

10 - Acampamento

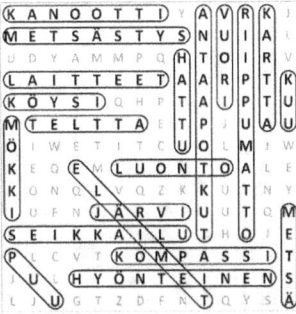

11 - Emoções

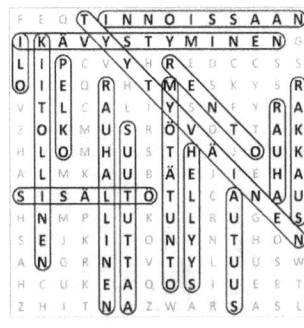

12 - Ficção Científica

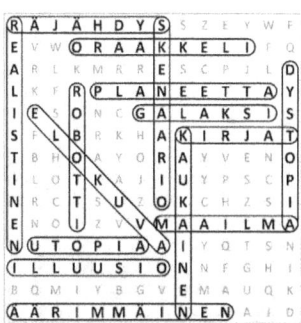

13 - Mitologia

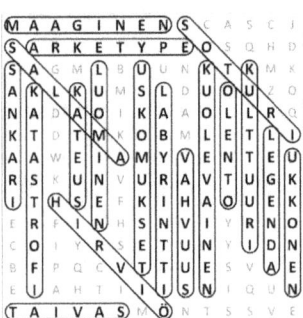

14 - Medições

15 - Plantas

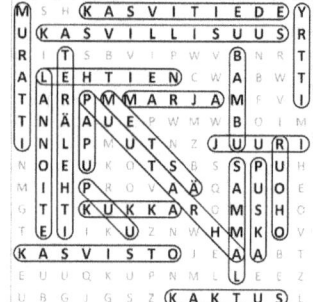

16 - Veículos

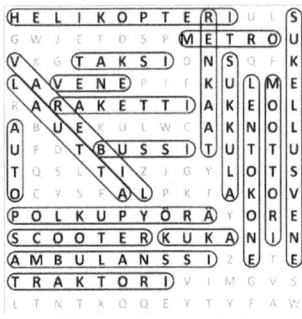

17 - Restaurante # 2

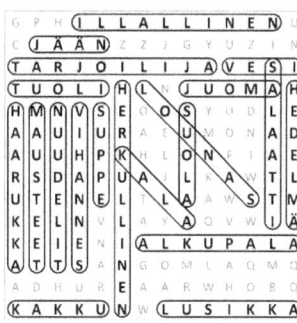

18 - Países #2

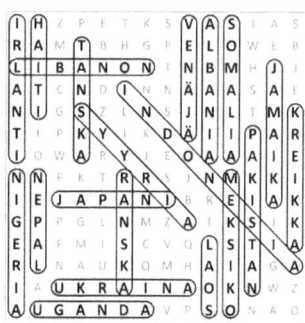

19 - Cozinha

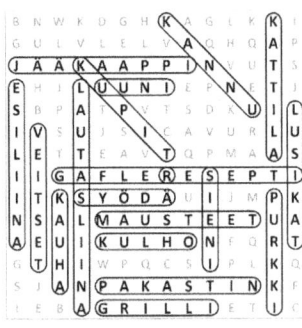

20 - Brinquedos

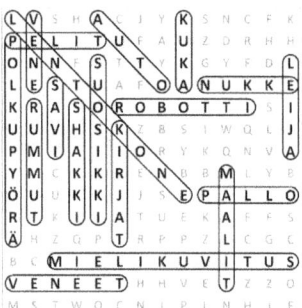

21 - Verão

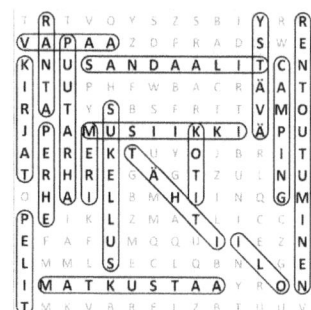

22 - Material de Arte

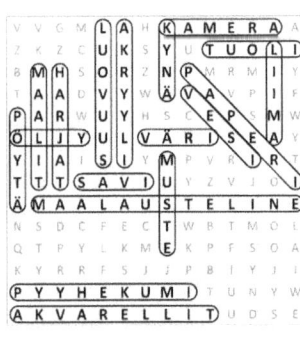

23 - Números

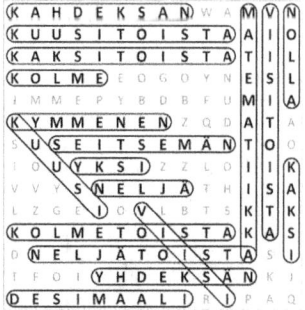

24 - Ferramentas

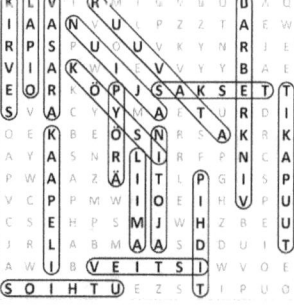

25 - Especiarias

26 - Aniversário

27 - Casa

28 - Vegetais

29 - Exploração

30 - Balé

31 - Conservação

32 - Adjetivos #1

33 - Insetos

34 - Paisagens

35 - Dança

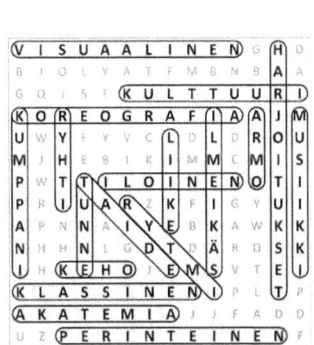

36 - Nutrição

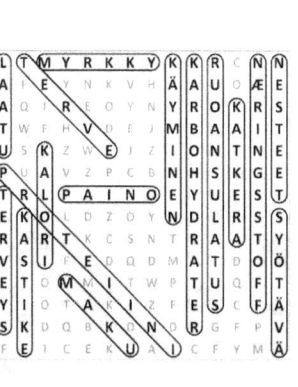

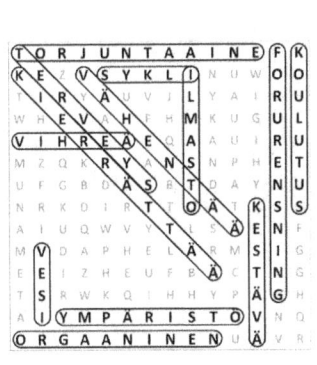
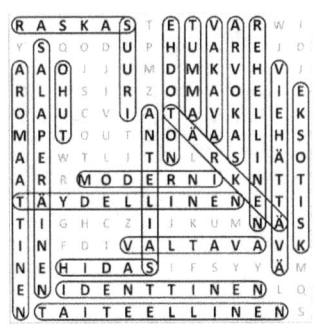
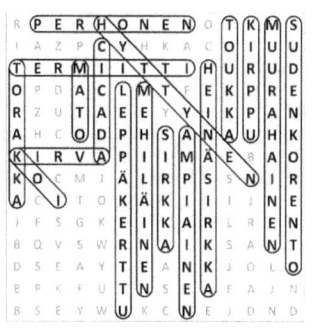

37 - Disciplinas Científicas

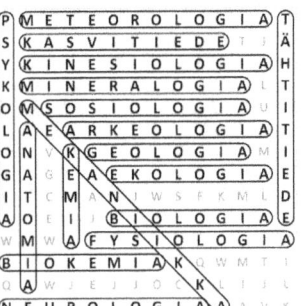

38 - Meditação

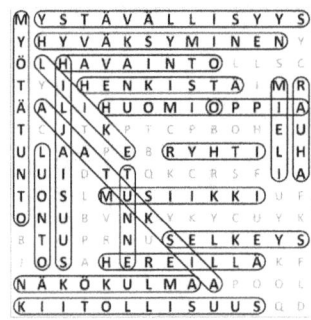

39 - Artes Visuais

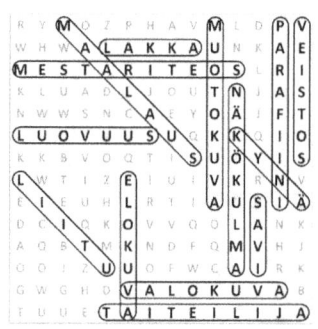

40 - Instrumentos Musicais

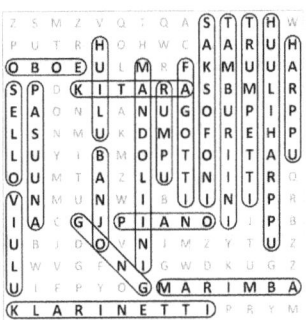

41 - Escola #1

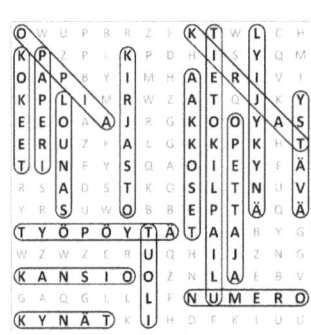

42 - Adjetivos #2

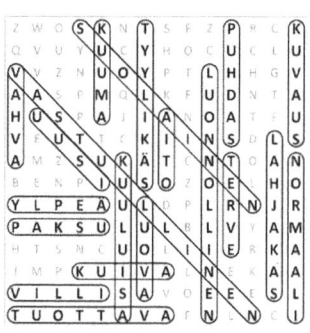

43 - Roupas

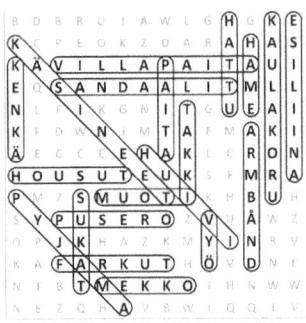

44 - Herbalismo

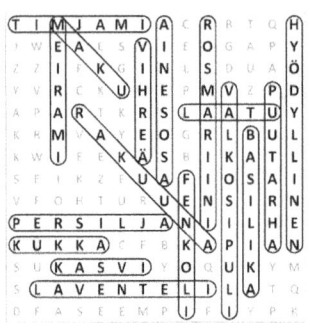

45 - Frutas

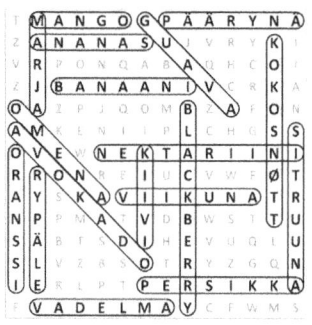

46 - Corpo Humano

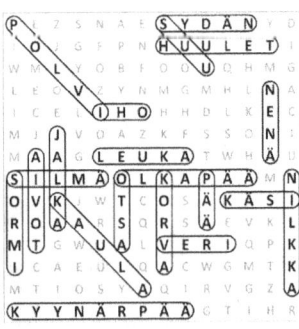

47 - Restaurante #1

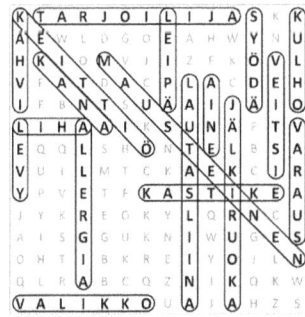

48 - Caminhada

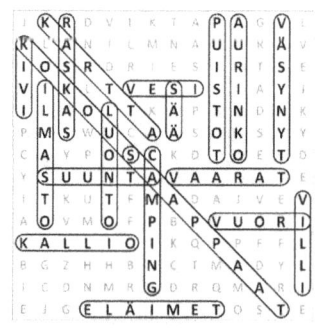

49 - Água

50 - Ecologia

51 - Família

52 - Férias #2

53 - Edifícios

54 - Praia

55 - Xadrez

56 - Aventura

57 - Surf

58 - Floresta Tropical

59 - Cidade

60 - Matemática

61 - Natureza

62 - Preencher

63 - Animais de Estimação

64 - Escalada

65 - Aviões

66 - Tipos de Cabelo

67 - Formas

68 - Dias e Meses

69 - Geografia

70 - Antártica

71 - Flores

72 - Fazenda #1

73 - Livros

74 - Chocolate

75 - Profissões #2

76 - Fazenda #2

77 - Jardim

78 - Oceano

79 - Profissões #1

80 - Campeonato

81 - Castelos

82 - Escola # 2

83 - Abelhas

84 - Banheiro

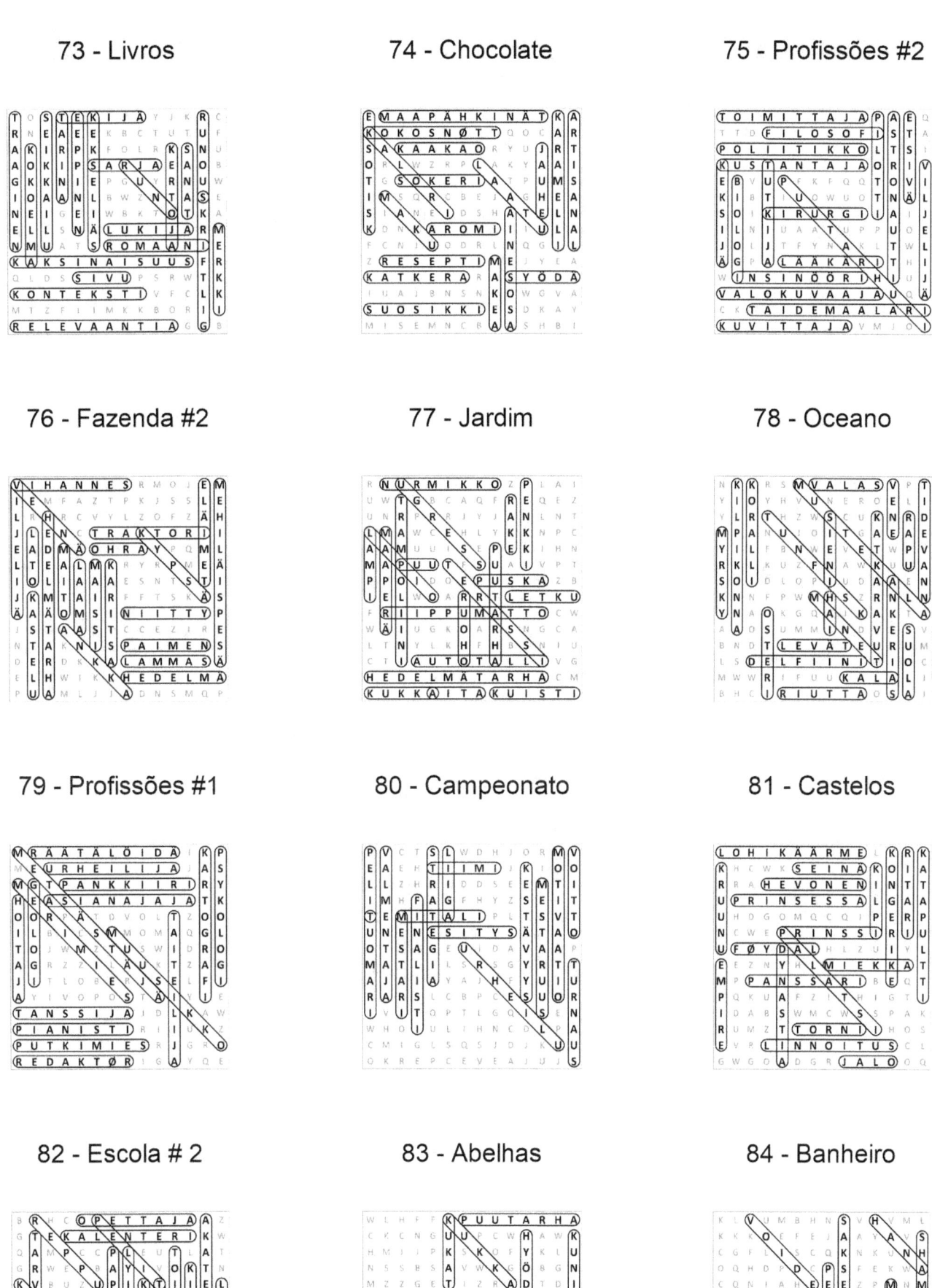

85 - Ciência

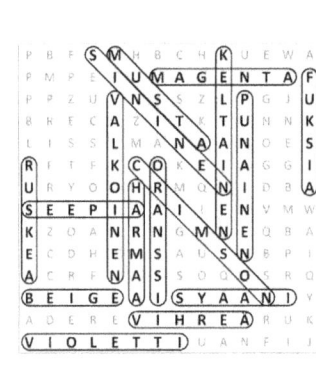

86 - Cores

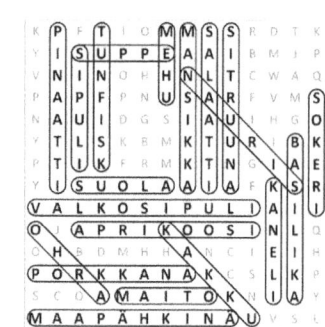

87 - Comida #1

88 - Pássaros

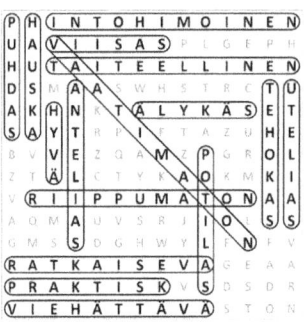

89 - Virtudes #1

90 - Literatura

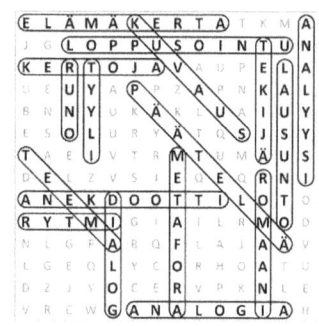

91 - Clima

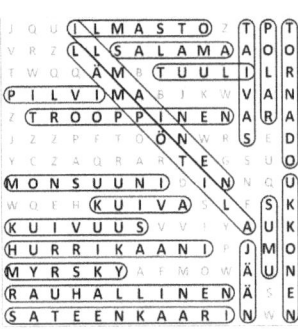

92 - Tecnologia

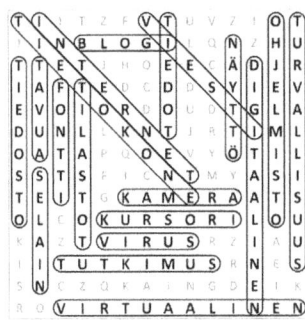

93 - Arte

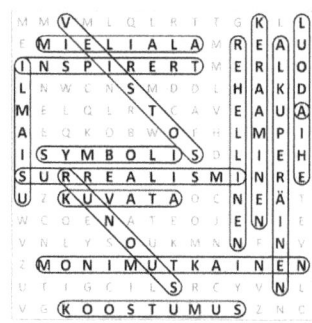

94 - Dinossauros

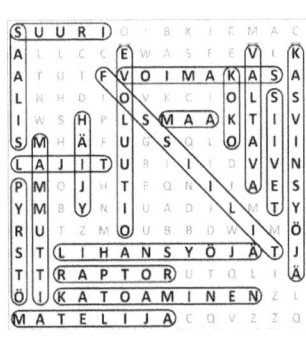

95 - Esportes

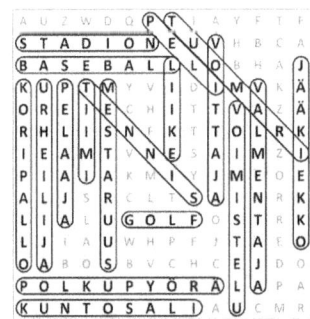

96 - Comida # 2

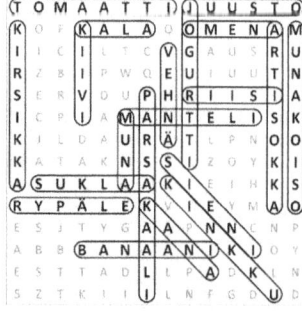

97 - Barcos

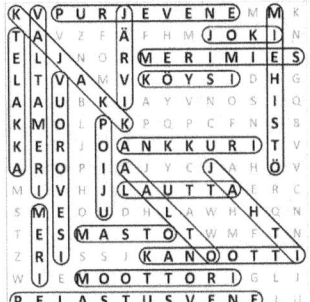

98 - Piratas

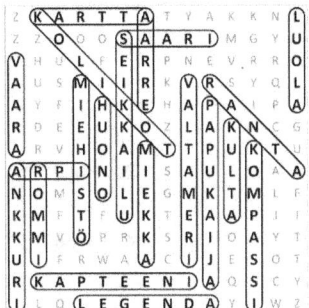

99 - Mamíferos

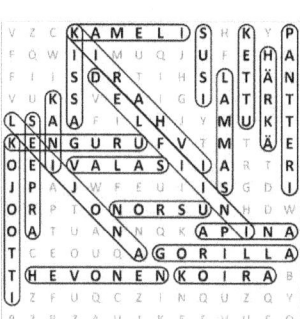

100 - Atividades e Lazer

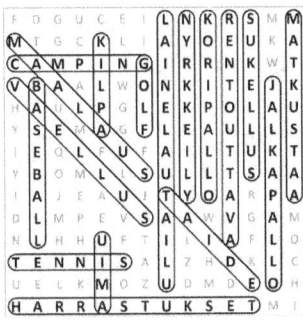

Dicionário

Abelhas
Mehiläiset

Asas	Siivet
Benéfico	Hyödyllinen
Cera	Parafiini
Colmeia	Pesä
Ecossistema	Ekosysteemi
Enxame	Parvi
Flor	Kukka
Flores	Kukat
Fruta	Hedelmä
Fumaça	Savu
Inseto	Hyönteinen
Jardim	Puutarha
Mel	Hunaja
Plantas	Kasvit
Pólen	Siitepöly
Rainha	Kuningatar
Sol	Aurinko

Acampamento
Telttailu

Animais	Eläimet
Aventura	Seikkailu
Árvores	Puu
Bússola	Kompassi
Cabine	Mökki
Caça	Metsästys
Canoa	Kanootti
Chapéu	Hattu
Corda	Köysi
Equipamento	Laitteet
Floresta	Metsä
Fogo	Antaa Potkut
Inseto	Hyönteinen
Lago	Järvi
Lua	Kuu
Maca	Riippumatto
Mapa	Kartta
Montanha	Vuori
Natureza	Luonto
Tenda	Teltta

Adjetivos #1
Adjektiivit #1

Absoluto	Ehdoton
Aromático	Aromaattinen
Artístico	Taiteellinen
Atraente	Viehättävä
Enorme	Valtava
Escuro	Tumma
Exótico	Eksotisk
Fino	Ohut
Generoso	Antelias
Grande	Suuri
Honesto	Rehellinen
Idêntico	Identtinen
Importante	Tärkeä
Lento	Hidas
Misterioso	Salaperäinen
Moderno	Moderni
Perfeito	Täydellinen
Pesado	Raskas
Sério	Vakava
Valioso	Arvokas

Adjetivos #2
Adjektiivit #2

Autêntico	Aito
Criativo	Luova
Descritivo	Kuvaus
Dotado	Lahjakas
Elegante	Tyylikäs
Famoso	Kuuluisa
Forte	Vahva
Grosso	Paksu
Natural	Luonnollinen
Normal	Normaali
Novo	Uusi
Orgulhoso	Ylpeä
Produtivo	Tuottava
Puro	Puhdas
Quente	Kuuma
Responsável	Vastuullinen
Salgado	Suolainen
Saudável	Terve
Seco	Kuiva
Selvagem	Villi

Animais de Estimação
Lemmikki

Água	Vesi
Cabra	Vuohi
Cachorro	Pentu
Cauda	Pyrstö
Cão	Koira
Coelho	Kani
Colarinho	Kaulus
Garras	Kynnet
Gatinho	Kattunge
Gato	Kissa
Hamster	Hamsteri
Lagarto	Lisko
Mouse	Hiiri
Papagaio	Papukaija
Peixe	Kala
Tartaruga	Kilpikonna
Vaca	Lehmä
Veterinário	Eläinlääkäri

Aniversário
Syntymäpäivä

Alegre	Iloinen
Amigos	Ystävä
Ano	Vuosi
Aprender	Oppia
Bolo	Kakku
Calendário	Kalenteri
Canção	Laulu
Cartões	Kortit
Celebração	Juhla
Convites	Kutsut
Dia	Päivä
Dom	Lahja
Especial	Spesiell
Feliz	Onnellinen
Jovem	Nuori
Nascer	Syntynyt
Sabedoria	Viisaus
Tempo	Aika
Velas	Kynttilä

Antártica
Antarktis

Ambiente	Ympäristö
Água	Vesi
Baía	Lahti
Baleias	Valas
Científico	Tieteellinen
Conservação	Säilyttäminen
Continente	Maanosa
Expedição	Retkikunta
Geleiras	Isbreer
Gelo	Jään
Geografia	Maantiede
Ilhas	Saaret
Investigador	Tutkija
Migração	Muutto
Minerais	Mineraali
Península	Niemimaa
Pinguins	Pingviinit
Rochoso	Kivinen
Temperatura	Lämpötila
Topografia	Topografia

Arte
Taide

Cerâmica	Keraaminen
Complexo	Monimutkainen
Composição	Koostumus
Criar	Luoda
Escultura	Veistos
Expressão	Ilmaisu
Honesto	Rehellinen
Humor	Mieliala
Inspirado	Inspirert
Original	Alkuperäinen
Poesia	Runous
Retratar	Kuvata
Símbolo	Symboli
Sujeito	Aihe
Surrealismo	Surrealismi
Visual	Visuaalinen

Artes Visuais
Kuvataide

Argila	Savi
Arquitetura	Arkkitehtuuri
Artista	Taiteilija
Caneta	Kynä
Cavalete	Maalausteline
Cera	Parafiini
Cerâmica	Keramiikka
Composição	Koostumus
Criatividade	Luovuus
Escultura	Veistos
Filme	Elokuva
Fotografia	Valokuva
Giz	Liitu
Lápis	Lyijykynä
Obra-Prima	Mestariteos
Perspectiva	Näkökulma
Pintura	Maalaus
Retrato	Muotokuva
Verniz	Lakka

Astronomia
Tähtitiede

Asteróide	Asteroidi
Astronauta	Astronautti
Celestial	Taivaallinen
Céu	Taivas
Constelação	Tähdistö
Cosmos	Kosmos
Eclipse	Pimennys
Equinócio	Jevndøgn
Foguete	Raketti
Galáxia	Galaksi
Gravidade	Painovoima
Lua	Kuu
Meteoro	Meteori
Nebulosa	Sumu
Observatório	Observatorio
Planeta	Planeetta
Radiação	Säteily
Solar	Aurinko
Supernova	Supernova
Terra	Maa

Atividades
Toiminta

Arte	Taide
Artesanato	Veneet
Atividade	Toiminta
Caca	Metsästys
Caminhada	Vaellus
Cerâmica	Keramiikka
Fotografia	Valokuvaus
Habilidade	Taito
Interesses	Etu
Jogos	Pelit
Lazer	Vapaa
Lendo	Lukeminen
Magia	Taika
Pesca	Kalastus
Pintura	Maalaus
Prazer	Ilo
Relaxamento	Rentoutuminen

Atividades e Lazer
Toiminta ja Vapaa-Aika

Acampamento	Camping
Arte	Taide
Basquete	Koripallo
Beisebol	Baseball
Boxe	Nyrkkeily
Caminhada	Vaellus
Corrida	Kilpa
Futebol	Jalkapallo
Golfe	Golf
Hobbies	Harrastukset
Mergulho	Sukellus
Natação	Uima
Pesca	Kalastus
Pintura	Maalaus
Relaxante	Rentouttava
Surfe	Lainelautailu
Tênis	Tennis
Viagem	Matkustaa
Voleibol	Lentopallo

Aventura
Seikkailu

Alegria	Ilo
Amigos	Ystävä
Atividade	Toiminta
Beleza	Kauneus
Chance	Mahdollisuus
Desafios	Haasteet
Destino	Kohde
Dificuldade	Vaikeus
Entusiasmo	Innostus
Excursão	Retki
Incomum	Epätavallinen
Itinerário	Matka
Natureza	Luonto
Navegação	Navigointi
Novo	Uusi
Perigoso	Vaarallinen
Segurança	Turvallisuus
Surpreendente	Yllättävä
Viagens	Matkustaa

Aviões
Lentokone

Altura	Korkeus
Ar	Ilma
Aterrissagem	Lasku
Atmosfera	Ilmainen
Aventura	Seikkailu
Balão	Ilmapallo
Céu	Taivas
Combustível	Polttoaine
Construção	Rakentaminen
Descida	Laskeutuminen
Direção	Suunta
Hidrogênio	Vety
História	Historia
Motor	Moottori
Navegar	Navigoida
Passageiro	Matkustaja
Piloto	Pilotti
Tempo	Sää
Tripulação	Miehistö
Turbulência	Turbulenssi

Água
Vesi

Canal	Kanava
Chuva	Sade
Chuveiro	Suihku
Evaporação	Haihtuminen
Furacão	Hurrikaani
Geada	Pakkanen
Gelo	Jään
Geyser	Geysir
Inundação	Tulva
Irrigação	Kastelu
Lago	Järvi
Monção	Monsuuni
Neve	Lumi
Oceano	Valtameri
Ondas	Aalto
Rio	Joki
Umidade	Kosteus
Vapor	Höyry

Balé
Baletti

Artístico	Taiteellinen
Bailarina	Ballerina
Compositor	Säveltäjä
Coreografia	Koreografia
Dançarinos	Tanssijat
Ensaio	Harjoitukset
Estilo	Tyyli
Expressivo	Ilmeikäs
Gesto	Ele
Habilidade	Taito
Intensidade	Intensiteetti
Músculos	Lihakset
Música	Musiikki
Orquestra	Orkesteri
Prática	Harjoitella
Público	Yleisö
Ritmo	Rytmi
Técnica	Tekniikka

Banheiro
Kylpyhuone

Água	Vesi
Banheiro	Wc
Banho	Kylpy
Bolhas	Kuplia
Chuveiro	Suihku
Espelho	Peili
Esponja	Sieni
Loção	Voide
Perfume	Hajuvesi
Sabão	Saippua
Tapete	Matto
Tesoura	Sakset
Toalha	Pyyhe
Torneira	Hana
Vapor	Höyry
Xampu	Shampoo

Barcos
Veneitä

Âncora	Ankkuri
Balsa	Lautta
Bote	Pelastusvene
Bóia	Poiju
Caiaque	Kajakk
Canoa	Kanootti
Corda	Köysi
Doca	Telakka
Iate	Jahti
Lago	Järvi
Mar	Meri
Maré	Vuorovesi
Marinheiro	Merimies
Mastro	Masto
Motor	Moottori
Oceano	Valtameri
Ondas	Aalto
Rio	Joki
Tripulação	Miehistö
Veleiro	Purjevene

Brinquedos
Lelut
Argila	Savi
Artesanato	Veneet
Avião	Lentokone
Barco	Vene
Bateria	Rummut
Bicicleta	Polkupyörä
Bola	Pallo
Boneca	Nukke
Caminhão	Kuka
Carro	Auto
Favorito	Suosikki
Imaginação	Mielikuvitus
Jogos	Pelit
Livros	Kirjat
Pipa	Leija
Robô	Robotti
Tintas	Maalit
Xadrez	Shakki

Caminhada
Patikointi
Acampamento	Camping
Animais	Eläimet
Água	Vesi
Botas	Saappaat
Cansado	Väsynyt
Clima	Ilmasto
Cume	Kokous
Mapa	Kartta
Montanha	Vuori
Natureza	Luonto
Orientação	Suunta
Parques	Puistot
Pedras	Kivi
Penhasco	Kallio
Perigos	Vaarat
Pesado	Raskas
Selvagem	Villi
Sol	Aurinko
Tempo	Sää

Campeonato
Mestaruus
Campeão	Mestari
Campeonato	Mestaruus
Desempenho	Esitys
Equipe	Tiimi
Esportes	Urheilu
Estratégia	Strategia
Finalista	Finalisti
Jogos	Pelit
Juiz	Tuomari
Liga	Liiga
Medalha	Mitali
Motivação	Motivaatio
Resistência	Kestävyys
Torneio	Turnaus
Treinador	Valmentaja
Vitória	Voitto

Casa
Talo
Biblioteca	Kirjasto
Cerca	Aita
Chaminé	Savupiippu
Chaves	Nøkler
Chuveiro	Suihku
Cortinas	Verhot
Cozinha	Keittiö
Espelho	Peili
Garagem	Autotalli
Janela	Ikkuna
Jardim	Puutarha
Lareira	Takka
Mobiliário	Huonekalu
Parede	Seinä
Porta	Ovi
Quarto	Huone
Sótão	Ullakko
Tapete	Matto
Torneira	Hana
Vassoura	Luuta

Castelos
Linnat
Armadura	Panssari
Catapulta	Katapultti
Cavaleiro	Ritari
Cavalo	Hevonen
Coroa	Kruunu
Dinastia	Dynastia
Dragão	Lohikäärme
Escudo	Kilpi
Espada	Miekka
Feudal	Føydal
Fortaleza	Linnoitus
Império	Empire
Nobre	Jalo
Palácio	Palatsi
Parede	Seinä
Princesa	Prinsessa
Príncipe	Prinssi
Reino	Kongerike
Torre	Torni
Unicórnio	Yksisarvinen

Chocolate
Suklaa
Açúcar	Sokeri
Amargo	Katkera
Amendoins	Maapähkinät
Aroma	Aromi
Artesanal	Artisanal
Cacau	Kaakao
Calorias	Kalori
Caramelo	Karamelli
Coco	Kokosnøtt
Comer	Syödä
Delicioso	Herkullinen
Doce	Makea
Exótico	Eksotisk
Favorito	Suosikki
Gosto	Maku
Ingrediente	Ainesosa
Pó	Jauhe
Qualidade	Laatu
Receita	Resepti

Churrascos
Grilli

Almoço	Lounas
Convite	Kutsu
Crianças	Lapset
Facas	Veitset
Família	Perhe
Fome	Nälkä
Frango	Kana
Fruta	Hedelmä
Grelha	Grilli
Jantar	Illallinen
Jogos	Pelit
Legumes	Vihannes
Molho	Kastike
Música	Musiikki
Pimenta	Pippuri
Quente	Kuuma
Sal	Suola
Saladas	Salaatit
Tomates	Tomaatit
Verão	Kesä

Cidade
Kaupunki

Aeroporto	Lufthavn
Banco	Pankki
Biblioteca	Kirjasto
Cinema	Elokuva
Clínica	Klinikka
Escola	Koulu
Estádio	Stadion
Farmácia	Apteekki
Galeria	Galleria
Hotel	Hotelli
Jardim Zoológico	Eläintarha
Livraria	Kirjakauppa
Mercado	Markkina
Museu	Museo
Padaria	Leipomo
Restaurante	Ravintola
Salão	Salonki
Supermercado	Supermarket
Teatro	Teatteri
Universidade	Yliopisto

Ciência
Tiede

Átomo	Atomi
Cientista	Tiedemies
Clima	Ilmasto
Dados	Tiedot
Evolução	Evoluutio
Fato	Tosiasia
Física	Fysiikka
Fóssil	Fossiili
Gravidade	Painovoima
Hipótese	Hypoteesi
Laboratório	Laboratorio
Método	Menetelmä
Minerais	Mineraali
Moléculas	Molekyyli
Natureza	Luonto
Observação	Havainto
Organismo	Organismi
Partículas	Hiukset
Plantas	Kasvit
Químico	Kemiallinen

Circo
Sirkus

Acrobata	Akrobat
Animais	Eläimet
Balões	Ballonger
Bilhete	Lippu
Desfile	Paraati
Elefante	Norsu
Entreter	Viihdyttää
Espectador	Katsoja
Leão	Leijona
Macaco	Apina
Magia	Taika
Malabarista	Jonglööri
Mágico	Taikuri
Música	Musiikki
Tenda	Teltta
Tigre	Tiikeri
Traje	Puku
Truque	Temppu

Clima
Sää

Arco-Íris	Sateenkaari
Atmosfera	Ilmainen
Calmo	Rauhallinen
Céu	Taivas
Clima	Ilmasto
Furacão	Hurrikaani
Gelo	Jään
Monção	Monsuuni
Nevoeiro	Sumu
Nuvem	Pilvi
Polar	Polar
Relâmpago	Salama
Seca	Kuivuus
Seco	Kuiva
Temperatura	Lämpötila
Tempestade	Myrsky
Tornado	Tornado
Tropical	Trooppinen
Trovão	Ukkonen
Vento	Tuuli

Comida # 2
Ruoka #2

Alcachofra	Artisokka
Amêndoa	Manteli
Arroz	Riisi
Banana	Banaani
Beringela	Munakoiso
Brócolis	Parsakaali
Cereja	Kirsikka
Chocolate	Suklaa
Cogumelo	Sieni
Frango	Kana
Iogurte	Jogurtti
Kiwi	Kiivi
Maçã	Omena
Ovo	Muna
Peixe	Kala
Presunto	Kinkku
Queijo	Juusto
Tomate	Tomaatti
Trigo	Vehnä
Uva	Rypäle

Comida #1
Ruoka #1

Açúcar	Sokeri
Alho	Valkosipuli
Amendoim	Maapähkinä
Atum	Tunfisk
Bolo	Kakku
Canela	Kaneli
Cebola	Sipuli
Cenoura	Porkkana
Cevada	Ohra
Damasco	Aprikoosi
Espinafre	Pinaatti
Leite	Maito
Limão	Sitruuna
Manjericão	Basilika
Morango	Mansikka
Nabo	Nauris
Sal	Suola
Salada	Salaatti
Sopa	Suppe
Suco	Mehu

Conservação
Säilyttäminen

Ambiental	Ympäristö
Água	Vesi
Ciclo	Sykli
Clima	Ilmasto
Ecossistema	Ekosysteemi
Educação	Koulutus
Natural	Luonnollinen
Orgânico	Orgaaninen
Pesticida	Torjunta-Aine
Poluição	Forurensning
Reciclar	Kierrättää
Reduzir	Vähentää
Saúde	Terveys
Sustentável	Kestävä
Verde	Vihreä
Voluntário	Vapaaehtoinen

Cores
Värit

Amarelo	Keltainen
Azul	Sininen
Bege	Beige
Branco	Valkoinen
Carmesim	Crimson
Ciano	Syaani
Cinza	Harmaa
Fuchsia	Fuksia
Laranja	Oranssi
Magenta	Magenta
Marrom	Ruskea
Preto	Musta
Roxo	Violetti
Sépia	Seepia
Verde	Vihreä
Vermelho	Punainen

Corpo Humano
Ihmiskehon

Boca	Suu
Cabeça	Pää
Cérebro	Aivot
Coração	Sydän
Cotovelo	Kyynärpää
Dedo	Sormi
Joelho	Polvi
Lábios	Huulet
Mão	Käsi
Nariz	Nenä
Olho	Silmä
Ombro	Olkapää
Orelha	Korva
Pele	Iho
Perna	Jalka
Pescoço	Kaula
Queixo	Leuka
Sangue	Veri
Testa	Otsa
Tornozelo	Nilkka

Cozinha
Keittiö

Avental	Esiliina
Chaleira	Kattila
Colheres	Lusikat
Comer	Syödä
Concha	Kauha
Cups	Kupit
Especiarias	Mausteet
Esponja	Sieni
Facas	Veitset
Forno	Uuni
Freezer	Pakastin
Garfos	Gafler
Geladeira	Jääkaappi
Grelha	Grilli
Guardanapo	Lautasliina
Jar	Purkki
Jarro	Kannu
Pauzinhos	Syömäpuikot
Receita	Resepti
Tigela	Kulho

Dança
Tanssi

Academia	Akatemia
Alegre	Iloinen
Arte	Taide
Clássico	Klassinen
Coreografia	Koreografia
Corpo	Keho
Cultura	Kulttuuri
Emoção	Tunne
Ensaio	Harjoitukset
Expressivo	Ilmeikäs
Graça	Armo
Movimento	Liike
Música	Musiikki
Parceiro	Kumppani
Postura	Ryhti
Ritmo	Rytmi
Tradicional	Perinteinen
Visual	Visuaalinen

Dias e Meses
Päivät ja Kuukaudet

Abril	Huhtikuu
Agosto	Elokuu
Ano	Vuosi
Calendário	Kalenteri
Dezembro	Joulukuu
Domingo	Sunnuntai
Fevereiro	Helmikuu
Janeiro	Tammikuu
Julho	Heinäkuu
Junho	Kesäkuu
Mês	Kuukausi
Novembro	Marraskuu
Outubro	Lokakuu
Quinta-Feira	Torstai
Sábado	Lauantai
Segunda-Feira	Maanantai
Semana	Viikko
Setembro	Syyskuu
Sexta-Feira	Perjantai
Terça	Tiistai

Dinossauros
Dinosaurus

Asas	Siivet
Carnívoro	Lihansyöjä
Cauda	Pyrstö
Desaparecimento	Katoaminen
Enorme	Valtava
Espécies	Lajit
Evolução	Evoluutio
Fósseis	Fossiilit
Grande	Suuri
Herbívoro	Kasvinsyöjä
Mamute	Mammutti
Poderoso	Voimakas
Presa	Saalis
Raptor	Raptor
Réptil	Matelija
Tamanho	Koko
Terra	Maa
Vicioso	Häijy

Dirigindo
Ajo

Acidente	Onnettomuus
Carro	Auto
Combustível	Polttoaine
Cuidado	Varoitus
Estrada	Tie
Freios	Jarrut
Garagem	Autotalli
Gás	Kaasu
Licença	Lisenssi
Mapa	Kartta
Motocicleta	Moottoripyörä
Motor	Moottori
Pedestre	Jalankulkija
Perigo	Vaara
Polícia	Poliisi
Rua	Katu
Segurança	Turvallisuus
Transporte	Kuljetus
Tráfego	Liikenne
Túnel	Tunneli

Disciplinas Científicas
Tieteelliset Alat

Anatomia	Anatomia
Arqueologia	Arkeologia
Astronomia	Tähtitiede
Biologia	Biologia
Bioquímica	Biokemia
Botânica	Kasvitiede
Cinesiologia	Kinesiologia
Ecologia	Ekologia
Fisiologia	Fysiologia
Geologia	Geologia
Imunologia	Immunologia
Linguística	Kielitiede
Mecânica	Mekaniikka
Meteorologia	Meteorologia
Mineralogia	Mineralogia
Neurologia	Neurologia
Psicologia	Psykologia
Química	Kemia
Sociologia	Sosiologia
Zoologia	Eläintiede

Ecologia
Ekologia

Clima	Ilmasto
Comunidades	Yhteisö
Espécies	Lajit
Fauna	Eläimistö
Flora	Kasvisto
Marinho	Meri
Montanhas	Vuoret
Natural	Luonnollinen
Natureza	Luonto
Pântano	Suo
Plantas	Kasvit
Recursos	Resurssi
Seca	Kuivuus
Sobrevivência	Selviytyminen
Sustentável	Kestävä
Vegetação	Kasvillisuus
Voluntários	Frivillige

Edifícios
Rakennukset

Apartamento	Huoneisto
Castelo	Linna
Celeiro	Lato
Cinema	Elokuva
Embaixada	Lähetystö
Escola	Koulu
Estádio	Stadion
Fazenda	Maatila
Fábrica	Tehdas
Garagem	Autotalli
Hospital	Sairaala
Hotel	Hotelli
Laboratório	Laboratorio
Museu	Museo
Observatório	Observatorio
Supermercado	Supermarket
Teatro	Teatteri
Tenda	Teltta
Torre	Torni
Universidade	Yliopisto

Emoções
Tunteita

Alegria	Ilo
Amor	Rakkaus
Animado	Innoissaan
Bem-Aventurança	Autuus
Bondade	Ystävällisyys
Calmo	Rauhallinen
Conteúdo	Sisältö
Grato	Kiitollinen
Medo	Pelko
Paz	Rauha
Raiva	Suututtaa
Relaxado	Rento
Satisfeito	Tyytyväinen
Simpatia	Myötätunto
Ternura	Hellyys
Tédio	Ikävystyminen
Tranquilidade	Rauhallisuus
Tristeza	Surullisuus

Escalada
Kiipeily

Altitude	Korkeus
Atmosfera	Ilmainen
Botas	Saappaat
Caminhada	Vaellus
Capacete	Kypärä
Caverna	Luola
Curiosidade	Uteliaisuus
Desafios	Haasteet
Especialista	Asiantuntija
Estabilidade	Vakaus
Estreito	Kapea
Físico	Fyysinen
Força	Vahvuus
Luvas	Käsineet
Mapa	Kartta
Terreno	Maa

Escola # 2
Koulu nro 2

Acadêmico	Akateeminen
Atividades	Toiminta
Biblioteca	Kirjasto
Calendário	Kalenteri
Ciência	Tiede
Computador	Tietokone
Dicionário	Sanakirja
Educação	Koulutus
Gramática	Kielioppi
Jogos	Pelit
Lápis	Lyijykynä
Leitura	Lukeminen
Literatura	Kirjallisuus
Livros	Kirjat
Matemática	Matematiikka
Mochila	Reppu
Papel	Paperi
Professor	Opettaja
Suprimentos	Tarvikkeet
Tesoura	Sakset

Escola #1
Koulu nro 1

Alfabeto	Aakkoset
Almoço	Lounas
Amigos	Ystävä
Aprender	Oppia
Biblioteca	Kirjasto
Cadeira	Tuoli
Canetas	Kynät
Exames	Kokeet
Lápis	Lyijykynä
Livros	Kirjat
Matemática	Matematiikka
Mesa	Työpöytä
Números	Numero
Papel	Paperi
Pastas	Kansio
Professor	Opettaja
Questionário	Tietokilpailu
Respostas	Vastauksia

Especiarias
Mausteita

Açafrão	Maustesahrami
Alcaçuz	Lakritsi
Alho	Valkosipuli
Amargo	Katkera
Anis	Anis
Azedo	Hapan
Baunilha	Vanilja
Canela	Kaneli
Cardamomo	Kardemumma
Caril	Curry
Cebola	Sipuli
Coentro	Korianteri
Cominho	Kumina
Cravo	Kynsi
Doce	Makea
Funcho	Fenkoli
Gengibre	Inkivääri
Pimenta	Pippuri
Sabor	Maku
Sal	Suola

Esportes
Urheilu

Atleta	Urheilija
Árbitro	Tuomari
Basquete	Koripallo
Beisebol	Baseball
Bicicleta	Polkupyörä
Campeonato	Mestaruus
Equipe	Tiimi
Estádio	Stadion
Ganhador	Voittaja
Ginásio	Kuntosali
Ginástica	Voimistelu
Golfe	Golf
Hóquei	Jääkiekko
Jogador	Pelaaja
Jogo	Peli
Movimento	Liike
Tênis	Tennis
Treinador	Valmentaja

Exploração
Tutkimus

Animais	Eläimet
Aprender	Oppia
Atividade	Toiminta
Coragem	Rohkeutta
Descoberta	Löytö
Desconhecido	Tuntematon
Determinação	Päättäväisyys
Distante	Kaukainen
Espaço	Tila
Exaustão	Uupumus
Excitação	Jännitys
Língua	Kieli
Novo	Uusi
Perigos	Vaarat
Selvagem	Villi
Terreno	Maa
Viagem	Matkustaa

Família
Perhe

Antepassado	Stamfar
Avó	Isoäiti
Criança	Lapsi
Crianças	Lapset
Esposa	Vaimo
Filha	Tytär
Infância	Lapsuus
Irmã	Sisko
Irmão	Veli
Marido	Mies
Materno	Äidin
Mãe	Äiti
Neto	Pojanpoika
Pai	Isä
Paterno	Isän
Primo	Serkku
Sobrinha	Veljentytär
Sobrinho	Veljenpoika
Tia	Täti
Tio	Setä

Fazenda #1
Maatila nro 1

Abelha	Mehiläinen
Agricultura	Maatalous
Arroz	Riisi
Água	Vesi
Bezerro	Vasikka
Burro	Aasi
Cabra	Vuohi
Campo	Kenttä
Cavalo	Hevonen
Cão	Koira
Cerca	Aita
Corvo	Varis
Feno	Heinä
Fertilizante	Lannoite
Frango	Kana
Gato	Kissa
Mel	Hunaja
Porco	Sika
Rebanho	Parvi
Vaca	Lehmä

Fazenda #2
Maatila # 2

Agricultor	Viljelijä
Animais	Eläimet
Celeiro	Lato
Cevada	Ohra
Colmeia	Mehiläispesä
Cordeiro	Karitsa
Fruta	Hedelmä
Irrigação	Kastelu
Leite	Maito
Lhama	Laama
Maduro	Kypsä
Milho	Maissi
Ovelha	Lammas
Pastor	Paimen
Pato	Ankka
Pomar	Hedelmätarha
Prado	Niitty
Trator	Traktori
Trigo	Vchnä
Vegetal	Vihannes

Ferramentas
Työkalut

Alicate	Pihdit
Cabo	Kaapeli
Cola	Liima
Corda	Köysi
Escada	Tikapuut
Faca	Veitsi
Grampeador	Nitoja
Machado	Kirves
Malho	Nuija
Martelo	Vasara
Navalha	Barberkniv
Parafuso	Ruuvata
Pá	Lapio
Roda	Pyörä
Tesoura	Sakset
Tocha	Soihtu

Férias #2
Loma #2

Aeroporto	Lufthavn
Destino	Kohde
Estrangeiro	Ulkomaalainen
Feriado	Loma
Fotos	Kuvat
Hotel	Hotelli
Ilha	Saari
Lazer	Vapaa
Mapa	Kartta
Mar	Meri
Montanhas	Vuoret
Passaporte	Passi
Praia	Ranta
Reservas	Varaukset
Restaurante	Ravintola
Táxi	Taksi
Tenda	Teltta
Transporte	Kuljetus
Vlagem	Matka
Visto	Viisumi

Ficção Científica
Tieteiskirjallisuus

Cenário	Skenaario
Cinema	Elokuva
Distante	Kaukainen
Distopia	Dystopia
Explosão	Räjähdys
Extremo	Äärimmäinen
Fantástico	Fantastinen
Fogo	Antaa Potkut
Futurista	Futuristinen
Galáxia	Galaksi
Ilusão	Illuusio
Livros	Kirjat
Misterioso	Salaperäinen
Mundo	Maailma
Oráculo	Oraakkeli
Planeta	Planeetta
Realista	Realistinen
Robôs	Robotti
Tecnologia	Teknologia
Utopia	Utopia

Flores
Kukkia

Buquê	Kimppu
Dente-De-Leão	Voikukka
Gardênia	Gardenia
Girassol	Auringonkukka
Hibisco	Hibiscus
Jasmim	Jasmiini
Lavanda	Laventeli
Lilás	Liila
Lírio	Lilja
Magnólia	Magnolia
Margarida	Päivänkakkara
Orquídea	Orkidea
Papoula	Unikko
Peônia	Pioni
Pétala	Terälehti
Plumeria	Plumeria
Rosa	Ruusu
Trevo	Apila
Tulipa	Tulppaani

Floresta Tropical
Sademetsää

Clima	Ilmasto
Comunidade	Yhteisö
Espécies	Lajit
Insetos	Insekter
Mamíferos	Nisäkkäät
Musgo	Sammal
Natureza	Luonto
Nuvens	Pilvi
Pássaros	Lintu
Preservação	Säilyttäminen
Refúgio	Suunta
Respeito	Respekt
Restauração	Entisöinti
Selva	Viidakko
Sobrevivência	Selviytyminen
Valioso	Arvokas

Formas
Muodot

Arco	Kaari
Canto	Kulma
Cilindro	Sylinteri
Círculo	Ympyrä
Cone	Kartio
Cubo	Kuutio
Curva	Käyrä
Elipse	Ellipsi
Hipérbole	Hyperbeli
Lado	Side
Linha	Linja
Oval	Soikea
Pirâmide	Pyramidi
Polígono	Monikulmio
Prisma	Prisma
Quadrado	Neliö
Retângulo	Suorakulmio
Triângulo	Kolmio

Frutas
Hedelmä

Abacate	Avokado
Abacaxi	Ananas
Amora	Blackberry
Baga	Marja
Banana	Banaani
Cereja	Kirsikka
Coco	Kokosnøtt
Damasco	Aprikoosi
Figo	Viikuna
Framboesa	Vadelma
Goiaba	Guava
Kiwi	Kiivi
Laranja	Oranssi
Limão	Sitruuna
Maçã	Omena
Manga	Mango
Nectarina	Nektariini
Pera	Päärynä
Pêssego	Persikka
Uva	Rypäle

Geografia
Maantiede

Altitude	Korkeus
Atlas	Atlas
Cidade	Kaupunki
Continente	Maanosa
Hemisfério	Halvkule
Ilha	Saari
Latitude	Leveysaste
Longitude	Pituusaste
Mapa	Kartta
Mar	Meri
Meridiano	Meridiaani
Montanha	Vuori
Mundo	Maailma
Norte	Pohjoinen
Oceano	Valtameri
Oeste	Länsi
País	Maassa
Região	Alue
Rio	Joki
Sul	Etelä

Geologia
Geologia

Ácido	Happo
Camada	Kerros
Caverna	Luola
Cálcio	Kalsium
Continente	Maanosa
Coral	Koralli
Cristais	Crystal
Erosão	Eroosio
Estalactite	Stalactite
Estalagmites	Stalagmiitit
Fóssil	Fossiili
Lava	Lava
Minerais	Mineraali
Pedra	Kivi
Platô	Tasanko
Quartzo	Kvartsi
Sal	Suola
Terremoto	Maanjäristys
Vulcão	Volcano
Zona	Vyöhyke

Herbalismo
Herbalismi

Açafrão	Maustesahrami
Alecrim	Rosmariini
Alho	Valkosipuli
Aromático	Aromaattinen
Benéfico	Hyödyllinen
Coentro	Korianteri
Estragão	Rakuuna
Flor	Kukka
Funcho	Fenkoli
Ingrediente	Ainesosa
Jardim	Puutarha
Lavanda	Laventeli
Manjericão	Basilika
Manjerona	Meirami
Planta	Kasvi
Qualidade	Laatu
Sabor	Maku
Salsa	Persilja
Tomilho	Timjami
Verde	Vihreä

Insetos
Hyönteiset

Abelha	Mehiläinen
Barata	Torakka
Borboleta	Perhonen
Cigarra	Cicada
Cupim	Termiitti
Formiga	Muurahainen
Gafanhoto	Heinäsirkka
Joaninha	Leppäkerttu
Larva	Toukka
Libélula	Sudenkorento
Louva-A-Deus	Sirkka
Mariposa	Koi
Minhoca	Mato
Mosquito	Hyttynen
Pulga	Kirppu
Pulgão	Kirva
Vespa	Ampiainen

Instrumentos Musicais
Soittimet

Bandolim	Mandoliini
Banjo	Banjo
Clarinete	Klarinetti
Fagote	Fagotti
Flauta	Huilu
Gaita	Huuliharppu
Gongo	Gong
Harpa	Harppu
Marimba	Marimba
Oboé	Oboe
Pandeiro	Tamburiini
Piano	Piano
Saxofone	Saksofoni
Tambor	Rumpu
Trombone	Pasuuna
Trompete	Trumpetti
Violão	Kitara
Violino	Viulu
Violoncelo	Sello

Jardim
Puutarha

Ancinho	Rake
Arbusto	Puska
Árvore	Puu
Banco	Penkki
Cerca	Aita
Ervas Daninhas	Ugress
Flor	Kukka
Garagem	Autotalli
Grama	Ruoho
Gramado	Nurmikko
Jardim	Puutarha
Lagoa	Lampi
Maca	Riippumatto
Mangueira	Letku
Pá	Lapio
Pomar	Hedelmätarha
Solo	Maaperä
Terraço	Terassi
Trampolim	Trampoliini
Varanda	Kuisti

Literatura
Kirjallisuus

Analogia	Analogia
Análise	Analyysi
Anedota	Anekdootti
Autor	Tekijä
Biografia	Elämäkerta
Comparação	Vertailu
Conclusão	Päätelmä
Descrição	Kuvaus
Diálogo	Dialog
Estilo	Tyyli
Ficção	Fiktiota
Metáfora	Metafora
Narrador	Kertoja
Opinião	Lausunto
Poema	Runo
Rima	Loppusointu
Ritmo	Rytmi
Romance	Romaani
Tema	Teema
Tragédia	Tragedia

Livros
Kirjat

Autor	Tekijä
Aventura	Seikkailu
Coleção	Kokoelma
Contexto	Konteksti
Dualidade	Kaksinaisuus
Escrito	Skriftlig
Épico	Eeppinen
História	Tarina
Inventivo	Kekseliäs
Leitor	Lukija
Narrador	Kertoja
Palavras	Sanat
Página	Sivu
Personagem	Merkki
Poema	Runo
Poesia	Runous
Relevante	Relevaantia
Romance	Romaani
Série	Sarja
Trágico	Traaginen

Mamíferos
Merinisäkkäiden

Baleia	Valas
Camelo	Kameli
Canguru	Kenguru
Cavalo	Hevonen
Cão	Koira
Coelho	Kani
Coiote	Kojootti
Elefante	Norsu
Gato	Kissa
Girafa	Kirahvi
Golfinho	Delfiini
Gorila	Gorilla
Leão	Leijona
Lobo	Susi
Macaco	Apina
Ovelha	Lammas
Pantera	Pantteri
Raposa	Kettu
Touro	Härkä
Zebra	Seepra

Matemática
Matematiikka

Aritmética	Aritmeettinen
Ângulos	Kulmat
Circunferência	Ympärysmitta
Decimal	Desimaali
Diâmetro	Halkaisija
Equação	Yhtälö
Expoente	Eksponentti
Fração	Jae
Geometria	Geometria
Paralelo	Rinnakkainen
Paralelogramo	Suunnikas
Perímetro	Kehä
Polígono	Monikulmio
Quadrado	Neliö
Raio	Säde
Retângulo	Suorakulmio
Simetria	Symmetria
Soma	Summa
Triângulo	Kolmio
Volume	Tilavuus

Material de Arte
Taide-Tarvikkeet

Acrílico	Akryyli
Apagador	Pyyhekumi
Aquarelas	Akvarellit
Argila	Savi
Água	Vesi
Cadeira	Tuoli
Cavalete	Maalausteline
Câmera	Kamera
Cola	Liima
Cores	Väri
Criatividade	Luovuus
Escovas	Harjat
Lápis	Kynä
Mesa	Pöytä
Óleo	Öljy
Papel	Paperi
Tinta	Muste
Tintas	Maalit

Medições
Mittaus

Altura	Korkeus
Byte	Tavu
Centímetro	Senttimetri
Comprimento	Pituus
Decimal	Desimaali
Grama	Gramma
Grau	Aste
Largura	Leveys
Litro	Litra
Massa	Massa
Metro	Mittari
Minuto	Minuutti
Onça	Unssi
Peso	Paino
Polegada	Tuuma
Profundidade	Syvyys
Quilograma	Kilogramma
Quilômetro	Kilometri
Tonelada	Tonni
Volume	Tilavuus

Meditação
Meditaatio

Aceitação	Hyväksyminen
Acordado	Hereillä
Aprender	Oppia
Atenção	Huomio
Bondade	Ystävällisyys
Clareza	Selkeys
Compaixão	Myötätunto
Emoções	Tunne
Gratidão	Kiitollisuus
Mental	Henkistä
Mente	Mieli
Movimento	Liike
Música	Musiikki
Natureza	Luonto
Observação	Havainto
Paz	Rauha
Pensamentos	Ajatuksia
Perspectiva	Näkökulma
Postura	Ryhti
Silêncio	Hiljaisuus

Mitologia
Mytologia

Arquétipo	Arketype
Céu	Taivas
Ciúmes	Kateus
Crenças	Uskomukset
Criação	Luominen
Criatura	Olento
Cultura	Kulttuuri
Desastre	Katastrofi
Força	Vahvuus
Guerreiro	Soturi
Heroína	Sankaritar
Herói	Sankari
Labirinto	Labyrintti
Lenda	Legenda
Mágico	Maaginen
Monstro	Hirviö
Mortal	Kuolevainen
Relâmpago	Salama
Trovão	Ukkonen
Vingança	Kosto

Móveis
Huonekalut

Almofada	Tyyny
Almofadas	Tyynyt
Banco	Penkki
Cadeira	Tuoli
Cama	Sänky
Colchão	Patja
Cortinas	Verhot
Espelho	Peili
Estante	Kirjahylly
Futon	Futon
Maca	Riippumatto
Mesa	Työpöytä
Poltrona	Nojatuoli
Prateleiras	Hyllyt
Sofá	Sohva
Tapete	Matto

Natureza
Luonto

Abelhas	Mehiläinen
Abrigo	Suoja
Animais	Eläimet
Ártico	Arktinen
Beleza	Kauneus
Deserto	Aavikko
Dinâmico	Dynaaminen
Erosão	Eroosio
Floresta	Metsä
Folhagem	Lehtien
Geleira	Jäätikkö
Montanhas	Vuoret
Nevoeiro	Sumu
Nuvens	Pilvi
Rio	Joki
Santuário	Pyhäkkö
Selvagem	Villi
Sereno	Rauhallinen
Tropical	Trooppinen
Vital	Tärkeä

Nutrição
Ravitsemus

Amargo	Katkera
Apetite	Ruokahalu
Calorias	Kalori
Carboidratos	Karbohydrater
Comestível	Syötävä
Dieta	Ruokavalio
Digestão	Ruoansulatus
Equilibrado	Tasapainoinen
Fermentação	Käyminen
Líquidos	Nesteet
Molho	Kastike
Nutriente	Næringsstoff
Peso	Paino
Proteínas	Proteiini
Qualidade	Laatu
Sabor	Maku
Saudável	Terve
Saúde	Terveys
Toxina	Myrkky
Vitamina	Vitamiini

Números
Numerot

Cinco	Viisi
Decimal	Desimaali
Dez	Kymmenen
Dezesseis	Kuusitoista
Dois	Kaksi
Doze	Kaksitoista
Matemática	Matematiikka
Nove	Yhdeksän
Oito	Kahdeksan
Quatorze	Neljätoista
Quatro	Neljä
Quinze	Viisitoista
Seis	Kuusi
Sete	Seitsemän
Treze	Kolmetoista
Três	Kolme
Um	Yksi
Vinte	Kaksikymmentä
Zero	Nolla

Oceano
Valtameri

Alga	Levät
Atum	Tunfisk
Baleia	Valas
Barco	Vene
Camarão	Katkaravut
Caranguejo	Rapu
Coral	Koralli
Enguia	Ankerias
Esponja	Sieni
Golfinho	Delfiini
Marés	Tidevann
Medusa	Manet
Ostra	Osteri
Peixe	Kala
Polvo	Mustekala
Recife	Riutta
Sal	Suola
Tartaruga	Kilpikonna
Tempestade	Myrsky
Tubarão	Hai

Paisagens
Maisemat

Cascata	Vesiputous
Caverna	Luola
Colina	Mäki
Deserto	Aavikko
Geleira	Jäätikkö
Golfo	Kuilu
Iceberg	Jäävuori
Ilha	Saari
Lago	Järvi
Mar	Meri
Montanha	Vuori
Oásis	Keidas
Oceano	Valtameri
Pântano	Suo
Península	Niemimaa
Praia	Ranta
Rio	Joki
Tundra	Tundra
Vale	Laakso
Vulcão	Volcano

Países #2
Maat #2

Albânia	Albania
Dinamarca	Tanska
França	Ranska
Grécia	Kreikka
Haiti	Haiti
Indonésia	Indonesia
Irlanda	Irlanti
Jamaica	Jamaika
Japão	Japani
Laos	Laos
Líbano	Libanon
México	Meksiko
Nepal	Nepal
Nigéria	Nigeria
Paquistão	Pakistan
Rússia	Venäjä
Síria	Syyria
Somália	Somalia
Ucrânia	Ukraina
Uganda	Uganda

Pássaros
Linnut

Avestruz	Strutsi
Águia	Kotka
Canário	Kanarifugl
Cegonha	Haikara
Cisne	Joutsen
Corvo	Varis
Cuco	Käki
Flamingo	Flamingo
Frango	Kana
Gaivota	Lokki
Ganso	Hanhi
Ovo	Muna
Papagaio	Papukaija
Pardal	Varpunen
Pato	Ankka
Pavão	Riikinkukko
Pelicano	Pelikaani
Pinguim	Pingviini
Pombo	Kyyhkynen
Tucano	Toukaanin

Pesca
Kalastus

Água	Vesi
Barbatanas	Evät
Barco	Vene
Brânquias	Gjellene
Cesta	Kori
Cozinhar	Kokki
Equipamento	Laitteet
Exagero	Overdrivelse
Gancho	Koukku
Isca	Syötti
Lago	Järvi
Mandíbula	Leuka
Oceano	Valtameri
Paciência	Tålmodighet
Peso	Paino
Praia	Ranta
Rio	Joki
Temporada	Kausi

Piratas
Merirosvot

Aventura	Seikkailu
Âncora	Ankkuri
Bússola	Kompassi
Capitão	Kapteeni
Caverna	Luola
Cicatriz	Arpi
Espada	Miekka
Ilha	Saari
Lenda	Legenda
Mapa	Kartta
Mau	Huono
Moedas	Kolikot
Oceano	Valtameri
Ouro	Kulta
Papagaio	Papukaija
Perigo	Vaara
Praia	Ranta
Rum	Rommi
Tesouro	Aarre
Tripulação	Miehistö

Plantas
Kasveja

Arbusto	Puska
Árvore	Puu
Baga	Marja
Bambu	Bambu
Botânica	Kasvitiede
Cacto	Kaktus
Erva	Yrtti
Feijão	Papu
Fertilizante	Lannoite
Flor	Kukka
Flora	Kasvisto
Floresta	Metsä
Folhagem	Lehtien
Grama	Ruoho
Hera	Muratti
Jardim	Puutarha
Musgo	Sammal
Pétala	Terälehti
Raiz	Juuri
Vegetação	Kasvillisuus

Praia
Rannalle

Areia	Hiekka
Azul	Sininen
Barco	Vene
Caranguejo	Rapu
Costa	Rannikko
Doca	Telakka
Guarda-Chuva	Sateenvarjo
Ilha	Saari
Lagoa	Laguuni
Mar	Meri
Oceano	Valtameri
Recife	Riutta
Sandálias	Sandaalit
Sol	Aurinko
Toalha	Pyyhe
Veleiro	Purjevene

Preencher
Täyttää

Balde	Ämpäri
Bandeja	Tarjotin
Barril	Tynnyri
Bolso	Tasku
Cesta	Kori
Envelope	Kirjekuori
Garrafa	Pullo
Gaveta	Laatikko
Jar	Purkki
Mala	Matkalaukku
Navio	Alus
Pacote	Paketti
Pasta	Kansio
Saco	Laukku
Tubo	Putki
Vaso	Maljakko

Profissões #1
Ammatit nro 1

Advogado	Asianajaja
Alfaiate	Räätälöidä
Artista	Taiteilija
Atleta	Urheilija
Banqueiro	Pankkiiri
Bombeiro	Palomies
Caçador	Metsästäjä
Cartógrafo	Kartografi
Cientista	Tiedemies
Dançarino	Tanssija
Editor	Redaktør
Encanador	Putkimies
Enfermeira	Hoitaja
Geólogo	Geologi
Joalheiro	Kultaseppä
Marinheiro	Merimies
Músico	Muusikko
Pianista	Pianisti
Psicólogo	Psykologi
Veterinário	Eläinlääkäri

Profissões #2
Ammatit #2

Agricultor	Viljelijä
Astronauta	Astronautti
Biólogo	Biologi
Cirurgião	Kirurgi
Dentista	Hammaslääkäri
Detetive	Etsivä
Editor	Kustantaja
Engenheiro	Insinööri
Filósofo	Filosofi
Fotógrafo	Valokuvaaja
Ilustrador	Kuvittaja
Inventor	Keksijä
Investigador	Tutkija
Jardineiro	Puutarhuri
Jornalista	Toimittaja
Médico	Lääkäri
Piloto	Pilotti
Pintor	Taidemaalari
Político	Poliitikko
Professor	Opettaja

Restaurante # 2
Ravintola nro 2

Almoço	Lounas
Aperitivo	Alkupala
Água	Vesi
Bebida	Juoma
Bolo	Kakku
Cadeira	Tuoli
Colher	Lusikka
Delicioso	Herkullinen
Especiarias	Mausteet
Fruta	Hedelmä
Garçom	Tarjoilija
Garfo	Haarukka
Gelo	Jään
Jantar	Illallinen
Legumes	Vihannes
Macarrão	Nuudelit
Peixe	Kala
Sal	Suola
Salada	Salaatti
Sopa	Suppe

Restaurante #1
Ravintola nro 1

Alergia	Allergia
Café	Kahvi
Carne	Liha
Comer	Syödä
Cozinha	Keittiö
Faca	Veitsi
Frango	Kana
Garçonete	Tarjoilija
Guardanapo	Lautasliina
Ingredientes	Aine
Menu	Valikko
Molho	Kastike
Pão	Leipä
Picante	Mausteinen
Placa	Levy
Reserva	Varaus
Sobremesa	Jälkiruoka
Tigela	Kulho

Roupas
Vaatteensa

Avental	Esiliina
Blusa	Pusero
Calça	Housut
Camisa	Paita
Chapéu	Hattu
Cinto	Vyö
Colar	Kaulakoru
Jaqueta	Takki
Jeans	Farkut
Lenço	Huivi
Luvas	Käsineet
Meias	Sukat
Moda	Muoti
Pijama	Pyjama
Pulseira	Armbånd
Saia	Hame
Sandálias	Sandaalit
Sapato	Kenkä
Suéter	Villapaita
Vestido	Mekko

Surf
Surffausta

Atleta	Urheilija
Campeão	Mestari
Espuma	Vaahto
Estilo	Tyyli
Estômago	Vatsa
Extremo	Äärimmäinen
Força	Vahvuus
Multidões	Joukkoja
Oceano	Valtameri
Onda	Aalto
Popular	Suosittu
Praia	Ranta
Principiante	Aloittelija
Rapidez	Nopeus
Recife	Riutta
Tempo	Sää

Tecnologia
Teknologia

Arquivo	Tiedosto
Blog	Blogi
Bytes	Tavua
Câmera	Kamera
Computador	Tietokone
Cursor	Kursori
Dados	Tiedot
Digital	Digitaalinen
Estatísticas	Tilastot
Fonte	Fontti
Internet	Internet
Mensagem	Viesti
Navegador	Selain
Pesquisa	Tutkimus
Segurança	Turvallisuus
Software	Ohjelmisto
Tela	Näyttö
Virtual	Virtuaalinen
Vírus	Virus

Tempo
Aika

Agora	Nyt
Ano	Vuosi
Antes	Ennen
Calendário	Kalenteri
Década	Vuosikymmen
Dia	Päivä
Futuro	Tulevaisuus
Hoje	Tänään
Hora	Tunnin
Manhã	Aamu
Meio-Dia	Keskipäivä
Mês	Kuukausi
Minuto	Minuutti
Momento	Hetki
Noite	Yö
Ontem	Eilen
Passado	Viime
Relógio	Kello
Semana	Viikko
Século	Vuosisata

Tipos de Cabelo
Hiusten Tyypit

Branco	Valkoinen
Brilhante	Kiiltävä
Cachos	Kiharat
Careca	Kalju
Cinza	Harmaa
Colori	Värillinen
Encaracolado	Kihara
Fino	Ohut
Grosso	Paksu
Loiro	Vaalea
Longo	Pitkä
Marrom	Ruskea
Ondulado	Aaltoileva
Prata	Hopea
Preto	Musta
Saudável	Terve
Seco	Kuiva
Suave	Pehmeä
Trançado	Punottu
Tranças	Punos

Vegetais
Vihannekset

Abóbora	Kurpitsa
Aipo	Selleri
Alcachofra	Artisokka
Alho	Valkosipuli
Batata	Peruna
Beringela	Munakoiso
Brócolis	Parsakaali
Cebola	Sipuli
Cenoura	Porkkana
Chalota	Salottisipuli
Cogumelo	Sieni
Ervilha	Herne
Espinafre	Pinaatti
Gengibre	Inkivääri
Nabo	Nauris
Pepino	Kurkku
Rabanete	Retiisi
Salada	Salaatti
Salsa	Persilja
Tomate	Tomaatti

Veículos
Ajoneuvot

Ambulância	Ambulanssi
Avião	Lentokone
Balsa	Lautta
Barco	Vene
Bicicleta	Polkupyörä
Caminhão	Kuka
Carro	Auto
Foguete	Raketti
Furgão	Varebil
Helicóptero	Helikopteri
Lambreta	Scooter
Metrô	Metro
Motor	Moottori
Ônibus	Bussi
Pneus	Renkaat
Submarino	Sukellusvene
Táxi	Taksi
Transporte	Sukkula
Trator	Traktori

Verão
Kesä

Acampamento	Camping
Alegria	Ilo
Amigos	Ystävä
Casa	Koti
Estrelas	Tähti
Família	Perhe
Jardim	Puutarha
Jogos	Pelit
Lazer	Vapaa
Livros	Kirjat
Mar	Meri
Mergulho	Sukellus
Música	Musiikki
Praia	Ranta
Relaxamento	Rentoutuminen
Sandálias	Sandaalit
Viagem	Matkustaa

Virtudes #1
Hyveet osa 1

Apaixonado	Intohimoinen
Artístico	Taiteellinen
Bom	Hyvä
Curioso	Utelias
Decisivo	Ratkaiseva
Eficiente	Tehokas
Encantador	Viehättävä
Engraçado	Hauska
Generoso	Antelias
Independente	Riippumaton
Inteligente	Älykäs
Limpo	Puhdas
Modesto	Vaatimaton
Paciente	Potilas
Prático	Praktisk
Sábio	Viisas
Útil	Hyödyllinen

Xadrez
Shakki

Aprender	Oppia
Branco	Valkoinen
Campeão	Mestari
Concurso	Kilpailu
Desafios	Haasteet
Diagonal	Diagonaalinen
Estratégia	Strategia
Jogador	Pelaaja
Jogo	Peli
Oponente	Vastustaja
Passivo	Passiivinen
Preto	Musta
Rainha	Kuningatar
Regras	Säännöt
Rei	Kuningas
Sacrifício	Uhrata
Tempo	Aika
Torneio	Turnaus

Parabéns

Conseguiu!

Esperamos que tenha gostado tanto deste livro como nós gostamos de o desenhar. Esforçamo-nos por criar livros da mais alta qualidade possível.
Esta edição foi concebida para proporcionar uma aprendizagem inteligente, de qualidade e divertida!

Gostou deste livro?

Um simples pedido

Estes livros existem graças às críticas que publica.
Pode ajudar-nos, deixando agora uma revisão?

Aqui está um pequeno link para
a sua página de revisão:

BestBooksActivity.com/Avaliacoes50

DESAFIO FINAL!

Desafio n° 1

Está pronto para o seu jogo grátis? Usamo-los a toda a hora, mas não são tão fáceis de encontrar - aqui estão os **Sinônimos!**
Escreva 5 palavras que encontrou nos puzzles (n° 21, n° 36, n° 76) e tente encontrar 2 sinónimos para cada palavra.

Escreva 5 palavras de *Puzzle 21*

Palavras	Sinônimo 1	Sinônimo 2

Escreva 5 palavras de *Puzzle 36*

Palavras	Sinônimo 1	Sinônimo 2

Escreva 5 palavras de *Puzzle 76*

Palavras	Sinônimo 1	Sinônimo 2

Desafio nº 2

Agora que já aqueceu, escreva 5 palavras que encontrou nos Puzzles (nº 9, nº 17 e nº 25) e tente encontrar 2 antônimos para cada palavra. Quantos se podem encontrar em 20 minutos?

Escreva 5 palavras de **Puzzle 9**

Palavras	Antônimo 1	Antônimo 2

Escreva 5 palavras de **Puzzle 17**

Palavras	Antônimo 1	Antônimo 2

Escreva 5 palavras de **Puzzle 25**

Palavras	Antônimo 1	Antônimo 2

Desafio nº 3

Óptimo! Este desafio final não é nada para si.

Pronto para o desafio final? Escolha 10 palavras que tenha descoberto nos diferentes puzzles e escreva-as abaixo.

1.	6.
2.	7.
3.	8.
4.	9.
5.	10.

Agora escreva um texto a pensar numa pessoa, num animal ou num lugar de seu agrado.

Pode utilizar a última página deste livro como um rascunho.

A Sua Composição:

CADERNO DE NOTAS:

ATÉ BREVE!

A equipa Inteira

DESCUBRA

JOGOS

GRATUITOS

GO

↓

BESTACTIVITYBOOKS.COM/FREEGAMES

www.ingramcontent.com/pod-product-compliance
Lightning Source LLC
Chambersburg PA
CBHW081702120626

46550CB00010B/2992